힐링 영어 문법 여행

English Quotes for the Soul:
A Grammatical Journey

힐링 영어 문법 여행
English Quotes for the Soul: A Grammatical Journey

초판 1쇄 발행 2024년 2월 19일

지은이 홍민선
펴낸이 장길수
펴낸곳 지식과감성#
출판등록 제2012-000081호

교정 김지원
디자인 정윤솔, 강샛별
편집 서혜인
검수 이주희, 정윤솔
마케팅 김윤길, 정은혜

주소 서울시 금천구 벚꽃로298 대륭포스트타워6차 1212호
전화 070-4651-3730~4
팩스 070-4325-7006
이메일 ksbookup@naver.com
홈페이지 www.knsbookup.com

ISBN 979-11-392-1663-9(03740)
값 18,000원

- 이 책의 판권은 지은이에게 있습니다.
- 이 책 내용의 전부 또는 일부를 재사용하려면 반드시 지은이의 서면 동의를 받아야 합니다.
- 잘못된 책은 구입하신 곳에서 바꾸어 드립니다.

지식과감성#
홈페이지 바로가기

좌절하거나 꿈을 잃어버린 이들에게

힐링 영어 문법 여행

English Quotes for the Soul: A Grammatical Journey

홍민선 지음

문법 공부와 힐링을 한 번에!
"명언과 명문장으로 공부하는 영어 문법서!"

머리말

30여 년 영어 학습을 해 오면서, 영어라는 언어가 의사소통 수단을 넘어 우리 삶에 어떠한 힘이 될 수 있는지를, 명언과 명문장을 통해 깊이 있게 이해하게 되었습니다. 이 책,《힐링 영어 문법 여행 — English Quotes for the Soul: A Grammatical Journey》는 그 경험과 감동을 독자 여러분과 나누고자 하는 작은 노력의 산물입니다.

이 책의 목적은 두 가지입니다. 첫째, 각 명언과 명문장의 문법적 구조를 정밀하게 분석하여, 그 의미와 교훈을 명확하게 이해할 수 있도록 도와드리는 것입니다. 둘째, 좌절하거나 꿈을 잃어버린 이들에게 명언과 명문장이 담고 있는 희망과 용기, 그리고 진보를 위한 원동력 즉 "내면의 힘"을 제공하고자 하는 것입니다.

영어를 공부하는 사람에게는 이 책이 문법을 이해하는 데 많은 도움을 줄 것입니다. 각 명언이 어떻게 구성되어 있는지, 어떤 문법적 원칙에 따라 만들어졌는지를 자세히 살펴볼 것이며, 문법적 분석을 통해, 각 명언이 전하려는 의미와 교훈을 더 명확하게 이해할 수 있게 될 것입니다.

명언과 명문장은 단순해 보이지만 그 속에는 인생을 바꿀 수 있는 위대한 메시지가 담겨 있습니다. 영어를 학습하면서 수없이 마주한 명언과 명문장들, 그중에서도 문법적으로 단순하고 깊은 의미가 담긴 명언과 명문장들을 이 책에 담았습니다. 그리고, 각 명언과 명문장을 문법적으로 분석하고, 그 안에 담긴 교훈을 현실에 적용할 수 있는 방법을 제시하려 노력했습니다.

  이 책을 통해 여러분도 저와 같이 그 명언과 명문장에 감동하고, 그 교훈을 여러분의 삶에 적용해 볼 수 있는 기회를 갖게 되기를 바랍니다. 특히, 어려움에 부딪혀 삶이 힘들게 느껴지는 이들이 이 책에서 희망의 메시지를 찾을 수 있기를 진심으로 기원합니다.

  이 책을 시작으로 명문장의 감상 여정은 계속될 것입니다. 저와 함께 이 여정에 참여해 주실 여러분께 깊은 감사의 말씀을 드립니다.

각 장의 구성과 학습 방법

　이 책은 "제1장: 본문장", "제2장: 문장 해석과 감상", "제3장: 문법 설명" 편으로 구성되어 있습니다.
　제1장은 이 책에서 다루고 있는 다양한 명언을 페이지별로 한 문장만 담아 두었습니다. 좋은 명언은 감상할 때마다 새로운 의미와 영감을 주곤 합니다. 미술 작품을 감상하듯 하나의 페이지에 담긴 명언의 힘을 온전히 느끼며 자신만의 힐링 시간을 갖게 되기를 바랍니다.
　제2장은 단문, 중문, 복문(혼합문과 장문은 집필 중) 순으로 문장의 형태에 따라 순서를 두어 설명하였습니다. 문장 구조가 간단하고 이해하기 쉬운 단문 위주의 명언과 명문장에 대한 해설이 대부분을 이루고 있습니다. 복문과 혼합문 구조의 장문에 대한 해설 작업은 다음번 책에서 계속 진행될 예정입니다. 이번 책의 문장은 사상가들의 명언에서부터 감동을 주는 작자 미상의 명문장까지 다양한 종류의 선택을 하였으며, "품사 구분, 문장 성분, 문장 구조, 의미 단위, 문장 감상"의 5가지 구분의 설명으로 진행하였습니다. 각 문장별 "품사, 문장 성분, 문법 용어"에 대한 문법 설명을 참고하면서 문장 감상을 진행하면 의미와 교훈이 새롭게 다가올 것입니다. 감동과 영감을 주는 문장은 다시 보아도 새로운

깨달음으로 다가오는 법입니다. "문장 감상"의 내용을 참조하며 독자들만의 깨달음의 시간을 갖기를 바랍니다.

　제3장은 "제1절 품사", "제2절 문장 성분", "제3절 기타(문법 용어)"로 영문법 전반에 대한 내용을 문법 기능과 특성별로 나누어 설명하였습니다. 영어 문법 용어의 정의를 이해하고 활용하는 것은 언어 습득과 사용의 핵심 요소입니다. 문법 학습을 용이하게 하기 위해서는 "품사, 문장 성분, 문법 용어" 3가지 분류에 대한 개념적 구분이 필요합니다. 이 때문에 각 절에서는 해당 문법 용어의 정의에 대한 상세한 설명을 넣어 두었습니다. 다른 문법 서적의 도움 없이 이 책 "제3장"의 내용만으로도 독해용 영문법에 대한 충분한 지식을 가지게 될 것입니다. 문장의 의미 파악에 집중하다 보면 문법 용어의 개념을 잊어버리는 경우가 많이 있습니다. 개념이 모호해질 때마다 본 장에 설명된 문법 용어 해설을 학습해 보기를 바랍니다.

　이 책의 제목을 보고 선택하신 독자분이라면 "제1장" 감상을 먼저 진행하는 것도 좋은 방법입니다. 책 제목《힐링 영어 문법 여행 ─ English Quotes for the Soul: A Grammatical Journey》를 보고 선택할 수준의 독자라면 영어에 대한 "감/感"이 있으신 분들이 분명하기 때문입니다.

 "제1장"의 감상이 어렵고 중고등학교의 영어 학습 경험과 일반적인 문법 지식을 가지고 계신 독자들이라면 "제2장"과 "제3장"을 먼저 학습한 후, 제1장을 반복해서 감상해 보시기를 권합니다.

 "제1장" 각 페이지 하단 중앙에 문장별 번호와 "제2장"의 문장별 번호를 일치시켜 두었으니 참고하며 학습하기를 바랍니다.

목차

제1장 본문장

제1절 단문/Simple Sentences	12
제2절 중문/Compound Sentences	44
제3절 복문/Complex Sentences	69

제2장 문장 해석과 감상

제1절 단문/短文/Simple Sentences	78
제2절 중문/重文/Compound Sentences	165
제3절 복문/複文/Complex Sentences	232

제3장 문법 설명

제1절 품사/品詞/Word Classes	250
제2절 문장 성분/文章 成分/Sentence Elements	268
제3절 기타 문법 용어/Other Grammatical Terms	275

제1장

본문장

제1절 단문
Simple Sentences

To be is to do.
-Socrates-

1

Faith without act is dead.

−Bible, James, chapter 2, verse 26.−

The only way out is through.

-Robert Frost-

3

Your only limit is you.

-Anonymous-

Patience is power.

-Anonymous-

Value your peace of mind.

-Anonymous-

6

Die with memories, not dreams.

-Anonymous-

7

Your struggle is part of your story.

-Anonymous-

We only see what we know.

-Johann Wolfgang von Goethe-

9

Learning never exhausts the mind.

–Leonardo da Vinci–

Ignorance is the root
cause of all difficulties.

-Plato-

The first and the best victory is to conquer self.

-Plato-

12

The beginning of wisdom is the definition of terms.

-Socrates-

13

A man's worth is no greater than the worth of his ambitions.

−Marcus Aurelius−

Look forward with hope,
not backward with regret.

−Eleanor Roosevelt−

What is not started today is never finished tomorrow.

-Johann Wolfgang von Goethe-

16

May the inward and
outward man be as one.

-Socrates-

17

The only way to do great work is to love what you do.

—Steve Jobs—

Today, you have 100% of your life left.

-Tom Landry,

Former head coach of the Dallas Cowboys-

19

What we achieve inwardly will change outer reality.

–Plutarch–

The only way to achieve true happiness is to live in the present moment.

-Eckhart Tolle-

21

The only way to change the world is to start with yourself.

-John C. Maxwell-

The only thing that overcomes
hard luck is hard work.

-Harry Golden-

The only way
to find true peace is
to let go of all attachments.

-Buddha-

24

**The only way to have
peace of mind is
to give up the desire for
having things your own way.**

-American author Ralph Waldo Emerson-

The future belongs to those who believe in the beauty of their dreams.

-Eleanor Roosevelt-

26

The misuse of language
induces evil in the soul.

-Socrates-

The way you think about yourself becomes the truth for you.

-Motivational speaker Dr. Wayne Dyer-

The way you speak to
yourself matters the most.

-Anonymous-

Do not let the behavior
of others destroy
your inner peace.

-Dalai Lama-

The only way to deal with an unchangeable situation is to change yourself.

-American author Ralph Waldo Emerson-

31

제2절 중문
Compound Sentences

And still, I rise.
-Maya Angelou-

1

Life is short,
and it is here to be lived.

-Anonymous-

A quitter never wins and a winner never quits.

-Napoleon Hill-

3

Ever tried. Ever failed.
No matter. Try again.
Fail again. Fail better.

–Samuel Becket–

Change the game,
don't let the game
change you.

-Macklemore-

**Your future needs you,
your past doesn't.**

-Anonymous-

Do not regret the past,
just learn from it.

-Anonymous-

**Remain focused,
your time is coming.**

-Anonymous-

Don't complain.
Rebuild yourself.

-Anonymous-

9

Find what you love and
let it kill you.

-Charles Bukowski-

**Judge no one,
Just improve yourself.**

-Anonymous-

11

Control your thoughts
or your thoughts
will control you.

-Anonymous-

Problems are not stop signs; they are guidelines.

–Paster Robert H. Schuller–

Believe you can and you're halfway there.

−Theodore Roosevelt−

14

Reality is created by the mind;
we can change our reality
by changing our mind.

-Plato-

First, do what is necessary then do what is possible then the impossible shall come.

—St. Francis—

**Do not judge each day
by the harvest you reap
but by the seeds that you plant.**

-Robert Louis Stevenson-

17

Be kind. Every person
you meet is fighting
a different battle.

-Plato-

In every person,
there is a sun.
Just let them shine.

-Socrates-

19

Keep your face always toward the sunshine and shadows will fall behind you.

-Walt Whitman-

I've always believed
that you can think positive
just as well as you can think
negative.

–William James–

He who cannot obey himself will be commanded. That is the nature of living creatures.

–Friedrich Nietzsche–

**You have your way.
I have my way. As for the
right way, the correct way,
and the only way,
it does not exist.**

-Friedrich Nietzsche-

Self-care mindset: I never lose,
either I win or I learn.

-Nelson Mandela-

제3절 복문
Complex Sentences

You only fail
when you stop trying.

−Anonymous−

It hurt because it mattered.

-John Green-

If you cannot do great thing,
do small things in a great way.

-Napoleon Hill-

You are what you repeatedly do, therefore excellence ought to be a habit not an action.

-Aristotle-

If you are depressed,
you are living in the past.
If you are anxious,
you are living in the future.
If you are at peace,
you are living in the present.

-Chinese Philosopher Lao Tzu-

Hope is like the sun, which never gives up shining even when the night is darkest.

-Victor Hugo-

제2장

문장 해석과 감상

제1절 단문/短文/Simple Sentences

1. To be is to do. -Socrates-

품사 구분

To be / is / to do
To부정동사 / 연결동사 / To부정동사

문장 성분

To be/주어부, Is to do/서술어부, To do/To부정사 주격 보어

문장 구조

 이 문장은 주어+동사+보어(S+V+C)로 구성된 단문(Simple Sentence)입니다. "to do"는 주격 보어로 사용되었으며 연결동사(linking verb)인 'be'동사와 함께 사용되어 주어와 동치 관계를 가집니다. "To"는 영어에서 다양한 역할을 하는 단어로, 전치사일 수도 있지만 부정사를 구성하는 데 사용되기도 합니다.

 전치사는 주로 명사나 명사구의 앞에 위치하여 명사나 명사구를 동사, 형용사, 다른 전치사 또는 문장과 의미를 연결하게 하는 역할을 합니다. "To부정사"에서 사용되는 "To"는 "동사 원형"과 연결되어 "To부정사의 일부"로 사용되는 역할을 하고 있으며, "Infinitive Marker/무한사 식별자"로 문법적 구분이 되어 있습니다. 이 문장에서의 "To"

는 모두 "부정사를 구성하는 일부"로 사용되고 있습니다. "부정사/Infinitive"는 동사의 성격을 가지고 있는 문장 요소로 개념의 명확성을 위하여 "부정동사/Infinitive verb)"로 표기하는 편이 이해에 도움이 될 수도 있습니다.

"부정사/不定詞/Infinitive"라는 용어가 나오면 행동이나 동작 등 동사와 관련된 의미가 있음을 숙지하고 있어야 하며, 의미가 희미해질 경우에는 본서의 "부정사/不定詞/Infinitive" 관련 문법 설명을 반복해서 학습하여 명확한 개념 정립을 해 두어야 합니다.

의미 단위

To be is / To do

존재하는 것은 ~이다 / 행동하는

문장 감상

To be is to do.

존재하는 것은 행동하는 것이다.

때로는 길을 잃을 수 있습니다. 힘들 때, 슬플 때, 희망이 사라진 것 같을 때, '행동'이라는 것이 더 이상 무엇을 의미하는지 잊어버릴 수 있습니다. 하지만 그럴 때일수록 "존재하는 그 자체가 행동이며, 그 행동(To do)이 우리의 희망"이라는 사실을 기억해야 합니다.

"존재하다/To be"는 단순히 이곳에 '있다'는 것이 아닙니다. 그것은 우리가 세상에 무언가를 남긴다는 것을 의미합니다. "하다/To do"는 우리가 원하는 것, 우리가 희망하는 것을 추구하고 그것을 현실로 만들어 나가는 행위를 하고 있다는 의미입니다.

행동 없이는 진정한 존재를 이해할 수 없습니다. 우리의 행동이 우리의 진짜 모습을 보여 주며, 행동이 바로 "존재" 자체를 말하고 있습니다. '존재'는 단순히 '있음'의 상태가 아니라 "행위 자체"로 이해될 수 있습니다. 존재와 행동은 둘 다 개별적이고 분리된 개념이 아니라 하나의 연속체를 형성하고 있습니다. 우리가 무엇인가는 우리의 행동에 의해 결정되며, 우리의 행동은 우리가 누구인지를 반영합니다. 우리의 생각, 느낌, 신념 등 내부적인 경험은 행동을 통해 외부 세계에 나타나며, 이렇게 나타난 행동을 통해 우리는 자신과 타인을 이해할 수 있습니다.

어떤 상황에 처하더라도 행동(To do)을 바꾸면 존재(To be)를 바꿀 수 있습니다. 현재의 불안한 상황이나 과거의 실수에 대해 절망하지 말고, 항상 행동을 통해 우리 자신을 재정의하고 변화시킬 수 있다는 희망을 가지고 살아가면 됩니다.

2. Faith without act is dead.
-Bible, James, chapter 2, verse 26.-

품사 구분

Faith / Without / Act / Is / Dead
명사 / 전치사 / 명사 / 연결동사 / 형용사

문장 성분

Faith without act/주어부, Is dead/서술어부, Dead/보어

문장 구조

이 문장은 주어+동사+보어(S+V+C) 구조의 평서형 단문(Declarative Type Simple Sentence)입니다.

"Without act"는 "Faith"를 수식하는 전치사구입니다.

"Faith"와 "Act"는 일반적인 개념을 나타내므로 한정사가 생략되었습니다. 한정사를 생략함으로써 문장이 더 간결하고 강조가 되는 경우가 있는데 이 문장에서는 "faith"와 "act"가 주요 개념이므로 그 중요성을 강조하기 위해 한정사를 생략하였습니다.

의미 단위

Faith without act / Is dead
행동 없는 믿음은 / 죽은 것이다

문장 감상

Faith without act is dead.
행동이 없는 믿음은 죽은 것이다.

우리 모두는 무언가를 믿고 있습니다. 그것이 어떤 신념이든지 간에, 우리가 믿는 것은 우리를 움직이는 원동력이자, 우리가 누구인지, 어떤 선택을 하고, 어떻게 살아갈 것인지를 결정하는 바탕이 됩니다. 그러나, 믿음도 행동 없이는 오롯이 '죽은' 상태에 머무르게 됩니다. 믿음은 그저 머릿속의 생각이나 가슴 속의 느낌에 그치지 말고, 우리의 손, 우리의 발, 우리의 목소리를 통해 세상에 형상화되어야 합니다.

사랑한다고 믿는다면, 그 사랑을 표현해야 합니다. 선함을 추구하고 싶다면, 실제로 선한 일을 해야 합니다. 공정과 정의를 중요하게 생각한다면, 그것을 위한 행동을 취해야만 합니다. 믿음이 없는 행동은 죽어 있다는 말은, 우리가 내일을 위해 오늘 무엇을 할 것인가, 우리가 어떤 미래를 그릴 것인가에 대한 물음표를 던져 줍니다.

믿음과 행동은 한 몸입니다. 행동 없는 믿음은 그저 빈 껍데기, 믿음 없는 행동은 무의미한 움직임일 뿐입니다. 믿음과 행동이 하나가 되어야 진정한 변화와 성장이 일어납니다. 무언가를 믿는다면, 그것을 증명할 시간입니다. 믿음을 행동으로 옮기는 그 순간, '죽은' 믿음은 '살아 있는' 믿음이 되고, 우리의 삶 역시 더욱 풍요롭고 의미 있는 것으로 변화할 것입니다.

3. The only way out is through.
-Robert Frost-

품사 구분

The / Only / Way out / Is / Through
한정사 / 형용사 / 명사구 / 연결동사 / 형용사 보어

문장 성분

The only way out/주어부, Is through/서술어부

문장 구조

이 문장은 주어+동사+보어(S+V+C) 구조를 가지는 평서형 단문입니다. "The only way out"은 명사구로서 주어의 역할을 합니다. "is"는 이 문장의 서술 동사로, 주어와 보어를 연결해 줍니다. "Through"는 이 문장의 보어로서, "Is"에 의해 연결되며 주어부 명사구인 "The only way out"을 형용사적으로 설명해 주고 있습니다. "Through"는 전치사, 부사로도 사용되는데 품사 구분은 문맥을 통하여 구분되는 것이 바람직합니다.

"Way out"은 "Way"와 "Out"이 결합된 복합 명사구로서, "탈출 경로"나 "출구"와 같은 의미로 사용되고 있습니다.

의미 단위

The only way out / Is through
유일한 출구 / 관통하는 것이다

문장 감상

The only way out is through.
벗어나는 유일한 방법은 통과하는 것이다.

문제를 해결하는 유일한 방법은 그것을 완전히 경험하고 이겨 내는 것이다.

    문제를 피하는 것은 일시적인 감정적 편안함을 제공할 수 있지만, 장기적으로 보면 그 문제를 해결하는 것을 방해하며, 불안감이나 스트레스를 증가시킬 뿐입니다. 문제를 직접적으로 마주하고, 그것을 이해하고, 그 문제를 통과하는 과정을 겪음으로써, 우리는 문제의 본질을 이해하고 적절한 해결책을 찾아낼 수 있습니다.

    우리가 어떤 도전이나 어려움을 성장의 기회로 인식하고, 그것을 통해 무언가를 배우려는 생각을 가지면, 긍정적인 감정을 경험하고, 적극적인 행동을 취하게 됩니다. 어려운 상황에서 도망가지 않고 마주한다는 것은 인지적으로 문제를 해결하는 능력을 강화시키며, 자신감을 키우는 데 도움이 될 수 있습니다. 용기를 가지고 어려운 상황에 정면으로 부딪치다 보면 내 안의 새로운 나를 발견하게 될 것입니다.

    "먼 산 너머를 보려면 고된 등산을 해야 하듯, 어려움을 피하려 해서는 안 됩니다. 그것을 통과해야만 진정한 해방과 자유를 맛볼 수 있습니다. 강물이 산을 넘어 바다로 흐르듯, 우리도 삶의 험한 산을 넘어가야 합니다. 바람에 흔들리는 나무는 더욱 단단해지고, 풍파에 시달리는 꽃은 더욱 강인해집니다."

4. Your only limit is you. -Anonymous-

품사 구분

Your / Only / Limit / Is / You
한정사·소유격 대명사 / 형용사 / 명사 / 연결동사 / 2인칭 대명사

문장 성분

Your only limit/주어부, Is you/서술어부, Is/서술어, You/주격 보어

문장 구조

이 문장은 주어+동사+보어(S+V+C)로 구성된 단문(Simple Sentence)입니다.

주어부 "Your only limit"에서 "Your"는 소유격 대명사로 "Only Limit"를 한정하고 있습니다. "only"는 'limit'이라는 명사를 수식하고 있습니다. 여기서 "only"는 '하나뿐인'이라는 의미를 가지며 형용사 역할을 하고 있습니다. 영어에서 "only"는 다양한 방식으로 사용되며 그 위치와 문맥에 따라서 의미와 역할이 달라질 수 있습니다. 그렇기 때문에 부사, 형용사, 심지어 접속사로도 사용될 수 있습니다. 이러한 다양성 때문에 문맥 안에서 품사의 기능과 역할을 파악하고 이해하려는 노력이 필요합니다.

연결동사(Linking Verb) "Is"는 be동사의 현재시제 3인칭 단수 형태로, 주어('Your only limit')와 보어('you')를 연결해 주고 있습니다.

보어(Complement)인 "You"는 대명사로, 주어('Your only limit')가 가리키는 '유일한 한계'가 바로 '너'임을 말하고 있습니다.

의미 단위

Your only limit / Is you
당신의 유일한 한계는 / 당신이다

문장 감상

Your only limit is you.
당신의 유일한 한계는 당신이다.

힘든 상황에 처했을 때, 결국 우리가 직면하는 가장 큰 장벽은 바로 우리 자신임을 발견할 때가 자주 있습니다. 하지만 그것이 결코 절망적인 것만은 아닙니다. 그 이유는 우리 자신이 우리의 한계를 설정하는 주체이며, 더욱 중요한 것은, 한계를 설정하는 자가 바로 그 한계를 해제할 수 있는 유일한 힘을 가지고 있다는 것이기 때문입니다.

우리 중 누군가는 희망과 두려움, 확신과 불확실성, 꿈과 현실 사이에서 방황하는 시간을 보내고 있을지 모릅니다. 하지만, 그 시간을 우리가 어떤 삶을 살아갈 것인지, 어떤 인물이 될 것인지를 결정하는, 중요한 순간이라는 사실로 인식하게 된다면 우리는 그 시간을 새로운 관점으로 바라보고 해석하게 될 것입니다.

흔들리는 마음을 고요하게 하고, 스스로에게 집중해 보십시오. 어떤 생각들이 당신의 마음을 어지럽히고 있습니까? 그 생각들이 당신의 한계를 형성하고 있지 않은지 살펴보아야 합니다. 그리고 지금 이 순간부터 그 한계를 깨뜨리기 위해 노력하십시오. 각자의 잠재력을 신뢰하고, 두려움 없이 자신의 꿈을 추구하는 것에 무엇보다 큰 가치를 두십시오.

당신이 겪을 실패는 오직 성장의 발판일 뿐입니다. 세상이 당신에게 주는 제약을 받아들이지 마십시오. 그 대신, 스스로가 설정하는 한계를 뛰어넘어, 더 큰 성공을 향해 도전해 보십시오. 우리 모두는 끊임없이 배우고, 성장하며, 무한한 가능성을 향해 나아갈 수 있는 잠재력을 가지고 있습니다. 자신의 가능성을 믿고, 그 가능성을 최대한으로 활용하면, 그 어떤 한계도 넘어서 실현할 수 있습니다.

"우리는 비틀거리며 날아오르는 새처럼, 바람에 부딪히며 하늘로 향합니다. 날개에 부딪히는 강한 바람은 우리를 더욱 높이 오르게 합니다. 꿈을 향해 두려움을 뛰어넘어, 자신의 한계를 느낄 때마다 더 높이 날갯짓하며 더 강하게 날아오릅니다."

5. Patience is power. -Anonymous-

품사 구분

Patience / Is / Power

명사 / 연결동사 / 명사

문장 성분

Patience/주어, Is power/서술어부, Is/술어, Power/보어

문장 구조

이 문장은 주어+동사+보어(S+V+C)로 구성된 단문(Simple Sentence)입니다.

명사 "patience"는 인내의 특정한 경우가 아닌 일반적인 인내의 개념을 나타내는 데 사용되고 있습니다. 마찬가지로 명사 "power"도 권력의 특정한 경우가 아닌 일반적인 권력의 개념을 지칭하는 데 사용되고 있습니다. 이러한 일반적인 의미로 명사를 사용할 때는 "a", "an" 또는 "the"와 같은 한정사를 생략하는 것이 일반적입니다. 이는 한정사가 일반적으로 특정 명사를 지정하거나 식별하는 데 사용되는 반면, 이 문장에서는 명사가 더 광범위하거나 추상적인 의미로 사용되고 있기 때문입니다.

이 문장은 연결동사(Linking verb)를 사용하여 주어와 보어(Complement)를 연결하는 연결 문장의 한 유형입니다. 이 경우 연결동사 "is"는 주어('patience')와 보어('power')를 동일시하는 역할을

합니다. 연결동사(Linking verb)는 문장에서 관련 명사의 특정 속성이 아니라 주어와 술어 사이의 관계에 초점을 맞추기 때문에 한정사를 불필요하게 하는 경우가 있습니다.

의미 단위

Patience / Is power

인내심 / 힘이다

문장 감상

Patience is power.

인내는 힘이다.

인내는 어떤 일을 이루기 위해 어려움을 참아 내는 것을 말합니다. 인내는 우리에게 많은 것을 가져다줍니다. 인내는 우리에게 목표를 달성할 수 있는 힘을 줍니다. 아무리 어려운 일이라도 인내심을 가지고 노력한다면 결국에는 목표를 달성할 수 있습니다. 인내는 우리가 좌절하고 포기하고 싶을 때, 마음을 가다듬고 다시 일어설 수 있게 해 줍니다. 인내는 우리에게 행복을 가져다줍니다. 인내는 우리가 목표를 달성했을 때, 그 성취감과 행복감을 맛볼 수 있게 해 줍니다. 여러분은 지금 어떤 어려움을 겪고 있습니까? 어떤 목표를 이루기 위해 노력하고 있습니까? 인내심을 가지고 노력한다면 여러분은 그 목표를 반드시 달성할 수 있습니다.

인내는 침착하게 기다리고, 과정을 신뢰하는 귀중한 기술을 가르쳐주며, 흔들리지 않는 의지로 역경과 좌절을 견뎌 낼 수 있게 하는 "조용한 힘"입니다.

　인내는 나약함의 표시가 아닙니다. 그것은 힘과 회복력의 표시입니다. 그것은 우리가 더 큰 그림에 집중하며 눈앞의 장애물과 좌절의 너머를 볼 수 있게 해 줍니다. 우리가 명확성을 얻고, 사려 깊은 결정을 내리고, 의미 있는 관계를 발전시키는 것은 인내를 통해서 가능한 것입니다.

6. Value your peace of mind.
-Anonymous-

품사 구분

Value / Your / Peace / Of / Mind
동사 / 2인칭 대명사 / 명사 / 전치사 / 명사

문장 성분

Value/서술어, Your peace of mind/명사구 목적어

문장 구조

이 문장은 주어가 생략된 동사+목적어(V+O) 구조의 명령형(Imperative) 단문(Simple Sentence)입니다.

주어가 생략된 본 문장에서 "Value"는 명령형 동사로 쓰이며, "가치를 두어라"라는 명령의 뜻을 가집니다. "Your"는 2인칭 대명사로서, 이 문장에서는 주로 독자나 상대방을 가리키는 용도로 사용되고 있습니다. "Peace"는 명사로서 "평화"를 의미합니다. "Of"는 전치사로서, 두 개의 명사나 대명사를 서로 연결하는 역할을 합니다. "Mind"는 명사로서 '마음' 또는 '정신'을 의미합니다.

의미 단위

Value / Your peace of mind
가치를 두어라 / 당신의 마음의 평화에

문장 감상

Value your peace of mind.

당신 마음의 평화에 가치를 두어라.
당신 내면의 안정감을 소중히 여겨라.

불안, 스트레스, 우울증 등의 정신적인 문제는 현대 사회에서 매우 흔하게 발생하는 문제 중 하나입니다. 이러한 문제는 일상생활에서 경험할 수 있는 다양한 상황에서 발생할 수 있습니다. 내면적 안정감을 가지지 못한 사람들은 일상생활에서 많은 어려움을 겪을 수 있습니다. 과도한 업무나 학업, 사회적 압력, 가정 문제 등으로 인해 마음이 불안정해지기 쉽습니다. 이러한 문제가 지속되면 우울증, 불안장애 등의 심각한 정신적인 문제로 이어질 수 있습니다.

성공을 추구하는 과정에서 우리는 종종 삶의 혼돈과 분주함에 사로잡혀 있는 자신을 발견합니다. 물질적 소유물, 성취, 외적 검증을 추구하며 그것들이 우리 행복의 열쇠를 쥐고 있다고 믿습니다. 그러나 그러한 혼돈과 분주함 속에서도 우리는 우리 안에 있는 귀중한 보물인 마음의 평화를 기억하고 있어야 합니다.

마음의 평화는 사치가 아닙니다. 그곳은 우리의 행복과 성취를 위해 필요한 여정이며, 스트레스, 걱정, 근심의 짐에서 벗어나 마음이 위안을 찾는 고요한 안식처입니다. 삶의 아름다움을 진정으로 감사하고 가장 중요한 순간을 소중히 여길 수 있게 해 주는 것은 마음이 평온한 상태에서만 가능합니다.

목표를 추구하는 과정에서 마음의 평화를 희생하지 말아야 합니다.

무엇보다 정신적, 정서적 안녕을 우선시해야 합니다. 끊임없는 안절부절과 불만에 압도된다면 성공과 풍요가 무슨 소용이 있겠습니까? 진정한 부는 외적인 소유물에 있는 것이 아니라 우리 내면에서 발견하는 평온과 만족에 있습니다.

마음의 평화를 소중히 여기려면 의식적인 노력과 자기 관리가 필요합니다. 그것은 건강한 경계를 설정하고, 필요할 때 거절하는 법을 배우고, 휴식과 재충전을 위한 시간을 갖는 것을 의미합니다. 그것은 내면의 소음을 가라앉히고 내면의 평화를 찾기 위해 자기 인식을 키우고 마음챙김을 수련하는 것을 의미합니다.

인생의 도전을 헤쳐 나갈 때 고요함의 힘을 받아들이고 혼돈 속에서 위안을 찾도록 합시다. 초조함보다 평화를 선택하고, 끊임없는 추구보다 만족을 선택합시다. 마음의 평화를 소중히 여김으로써 우리는 우리 자신의 웰빙을 향상시킬 뿐만 아니라 우리 주변 세계에 긍정과 조화의 파급 효과를 만들어 낼 수 있습니다.

7. Die with memories, not dreams.
-Anonymous-

품사 구분

Die / With / Memories / Not / Dreams
동사 / 전치사 / 복수명사 / 부정부사 / 복수명사

문장 성분

Die with memories/서술어부, Die/서술어, With memories/부사형 전치사구, Not dreams/부정 부사형 전치사구

문장 구조

이 문장은 동사+전치사구(V+VP)로 이루어진 명령형 단문으로 주어가 생략되어 있습니다. 전치사구 "With memories"와 "Not dreams"는 서술어 "Die"를 수식하고 있으므로 부사적으로 사용되었습니다.

의미 단위

Die / With memories / Not dreams
죽어라 / 추억과 함께 / 꿈과는 아니고

문장 감상

Die with memories, not dreams.
꿈이 아닌, 추억과 함께 죽어라.

우리 인생의 여정은 끊임없는 여행입니다. 그 여정에서 많은 꿈을 꾸지만, 우리는 그 꿈만을 따라가는 것이 아니라, 추억도 만들어 갈 수 있습니다. 그 추억들은 우리 인생의 건물입니다. 그 건물은 우리 마음속에 새겨진 기억들로 이루어져 있습니다. 우리는 그 기억들을 우리 가슴에 품으며 살아갑니다. 가끔은 헤매기도 하지만, 우리는 우리 인생의 건물을 세우기 위해 노력합니다. 우리 인생은 우리의 작품입니다. 그것은 우리가 살아간 흔적으로 채워져 있고, 우리는 그것을 우리 마음속에 영원히 간직할 것입니다. 우리가 떠나갈 때, 우리가 가진 건 추억이어야 합니다. 그것은 우리 인생의 건물을 이루는 벽돌이며, 우리를 행복으로 이끌어 줄 소중한 안내자입니다.

꿈을 꾸는 것만으로는 충분하지 않습니다. 그 꿈을 추억으로 바꾸는 것이 중요합니다. 우리의 삶이라는 여정에서 꿈을 실현하고, 그것을 가슴 깊이 간직하십시오. 그리하여, 그 추억이 우리의 삶을 가득 채우게 하십시오.

8. Your struggle is part of your story.
-Anonymous-

품사 구분

Your / Struggle / Is / Part / Of / Your / Story
한정사 / 명사 / 연결동사 / 명사 / 전치사 / 한정사 / 명사

문장 성분

Your struggle/주어부, Is part of your story/서술어부, Is/술어, Part of your story/명사구 보어

문장 구조

이 문장은 주어+동사+보어(S+V+C)로 구성된 평서형(Declarative) 단문(Simple Sentence)입니다.

주어부 "Your struggle"은, "당신의 투쟁"이라는 의미이고, 서술어부 "is part of your story"는 주어에 대한 설명을 나타내고 있습니다. 연결동사 "is"는 주어부와 서술부를 연결하는 역할을 하고 있습니다.

주어 동사의 일치와 한정사(관사) 사용에 따른 문장의 의미 변화를 살펴보기 위해 다음 세 문장의 차이점을 설명해 보겠습니다.

"Your struggle is part of your story": 여기서 "part of"는 부분적인 요소 혹은 구성 요소라는 개념을 전달합니다. 이는 "struggle(투쟁)"이 "your story(당신의 역사)"의 중요한 구성 요소 중 하나라는 의미입니다.

"Your struggle is a part of your story": 이 문장도 대략적인 의미는 첫 번째 문장과 유사합니다. 그러나 "a part of"는 "part of"보다 좀 더 구체적이거나 특정한 부분을 가리킨다는 뉘앙스를 주기도 합니다. 이는 투쟁이 당신의 역사 중 특정한 부분을 차지하고 있다는 것을 의미합니다.

"Your struggle is parts of your story": 이 문장은 문법적으로 잘못되었습니다. "parts"는 복수 형태이기 때문에 단수 형태인 "struggle"과 일치하지 않습니다. 문장을 올바르게 만들려면 "Your struggles are parts of your story"로 바꿔야 합니다. "Your struggles are parts of your story"는 여러 가지 투쟁이 이야기의 여러 부분을 구성한다는 것을 의미합니다.

한정사인 관사의 사용과 주어 동사 수의 일치는 한국인들에게는 생소한 문법 개념으로 습관이 될 때까지는 의식적으로 구분할 필요가 있습니다.

의미 단위

Your struggle / Is part of your story
당신의 투쟁은 / 당신 역사의 일부이다

문장 감상

Your struggle is part of your story.
당신의 투쟁은 당신 역사의 일부분이다.
당신의 힘든 노력은 당신 일대기의 한 부분이다.

우리 모두 각자의 이야기를 가지고 있습니다. 그리고 그 이야기 안에서, 우리는 각자의 투쟁을 하고 있습니다. 이것이 바로 우리 삶의 일부분입니다.

그 이야기는 단지 어려움과 고통에 대한 것만은 아닙니다. 그 이야기는 극복과 성장, 그리고 변화에 대한 이야기입니다. 투쟁은 우리를 더욱 강하게 만들어 주는 도구입니다. 투쟁을 통해 우리는 우리 자신을 알아 가고, 어떤 상황에서도 희망을 유지하고 전진할 수 있는 능력을 발견합니다. 그 투쟁이 없었다면, 우리는 그 능력을 발견할 기회가 없었을 것입니다. 그 투쟁이 없었다면, 우리의 이야기는 완전하지 않았을 것입니다.

투쟁에 대해 절망하지 마십시오. 그것은 당신이 극복해야 할 장애물일지도 모르지만, 동시에 그것은 당신이 성장하고, 전진하며, 더 큰 성취를 이루는 데 필요한 바로 그 도구이기 때문입니다. 앞으로 당신이 만날 어떤 어려움도, 당신의 이야기를 더욱 풍요롭게 만드는 또 다른 장(Chapter)이 될 것입니다.

9. We only see what we know.
-Johann Wolfgang von Goethe-

품사 구분

We / Only / See / What / We / Know

1인칭 복수 대명사 / 부사 / 동사 / 관계대명사 / 1인칭 복수 대명사 / 동사

문장 성분

We/주어, Only see what we know/서술어부, Only see/서술어, What we know/목적어

문장 구조

이 문장은 주어+동사+목적어(S+V+O) 구조의 평서형 단문(Declarative type simple sentence)입니다.

동사 "See"는 관계대명사절 "What we know"를 목적어로 가지고 있습니다. 관계절(Relative clause)은 문장 내에서 명사에 대한 설명을 합니다. 명사를 설명하는 관계절과의 연결을 위하여 관계대명사(Relative pronoun)를 사용합니다. 선행 명사의 연결을 위해 "Who, Which, That" 등이 사용되고, 문맥에서 부사 역할을 하는 "Whose, When, Where, Why"도 사용됩니다.

다른 관계대명사와는 다르게 "What"의 경우 문장 내에서 "수식할 명사가 없을 때" 사용됩니다. 주로 서술어부의 목적어로 사용되는데 이 문장 "We only see what we know"의 경우 동사 "See"의 목적어절

"We know"를 명사적으로 완성하기 위해 관계대명사 "What"이 사용되었습니다.

"I like the food what you made yesterday." "I like the food that you made yesterday." "I like what you made yesterday."

위 첫 번째 문장에서 "What"은 문장 내 선행 명사인 "Food"가 있기 때문에 잘못된 사용이며, 두 번째 문장 "That"의 경우 "Food"를 수식하는 올바른 사용입니다. 세 번째 문장 "What"의 경우 문장 내 명사가 없기 때문에 문법상 오류는 없으나 의미의 명확성은 떨어지는 문장입니다.

의미 단위

We only see / What we know
우리는 오직 ~만 본다 / 우리가 아는 것

문장 감상

We only see what we know.
우리는 오직 우리가 알고 있는 것만 본다.

우리가 알고 있는 정보와 경험은 우리의 세상을 구성하는 렌즈와 같습니다. 인지 심리학에 '스키마/Schema'라는 개념이 있습니다. 스키마는 우리가 세상을 이해하는 프레임워크나 템플릿 같은 것입니다. 우리가 '알고 있는 것들'은 이러한 스키마를 구성하며, 우리가 새로운 정보를 해석하고 이해하는 방식을 결정하는 데 중요한 역할을 합니다.

새로운 정보와 경험에 대해 항상 열린 마음을 가져야 합니다. 우리가 알고 있는 것을 넘어 새로운 사실과 이해를 탐색하고 받아들이는 것은 우리의 인지적 세계를 풍부히 만들고, 우리가 보는 세상을 더욱 넓게 만들어 줄 것입니다. 세상이 우리에게 어려움을 안겨 주더라도, 우리는 항상 새로운 지식과 이해를 통해 그 어려움을 이해하고 극복하는 방법을 찾을 수 있습니다. 우리가 '알고 있는 것'이라는 틀에 갇혀서는 안 됩니다. 오히려 그것을 넘어서 새로운 지식과 이해를 추구해야 합니다.

우리는 우리의 이해와 지식을 통해 세상을 보는 방식을 변화시킬 수 있으며, 알고 있는 것을 넘어서 더 넓은 세상을 볼 수 있습니다. 이것이 바로 우리가 가지고 있는 희망의 힘입니다.

10. Learning never exhausts the mind.
-Leonardo da Vinci-

품사 구분

Learning / Never / Exhausts / The / Mind
동명사 / 부사 / 3인칭 단수동사 / 한정사 / 명사

문장 성분

Learning/주어, Never exhausts the mind/서술어부, The mind/목적어

문장 구조

이 문장은 주어+동사+목적어(S+V+O) 구조를 가지는 평서형 단문(Declarative Type Simple Sentence)입니다.

동사 "Exhausts"는 단수로 취급되는 동명사 "Learning"과의 수의 일치를 위하여 "원형동사 Exhaust+s" 형태로 사용되었습니다.

서술어부 "Never exhaust"에서 "Never"는 부정형 부사로서 동사 "Exhausts"를 부정형으로 수식해 주고 있습니다.

의미 단위

Learning / Never exhausts the mind
배움 / 결코 마음을 고갈시키지 않는다

문장 감상

Learning never exhausts the mind.
배움은 결코 마음을 고갈시키지 않는다.

새로운 것을 알게 될 때의 그 설렘을 상상해 보십시오. 책의 페이지를 넘기거나 새로운 아이디어에 빠질 때, 우리의 마음은 지치거나 무거워지지 않습니다. 오히려 더 활기를 띠고 더 많은 가능성을 열어 갑니다. 학습이라는 것은 마음을 빨아들이는 블랙홀이 아니라, 늘 새로운 에너지를 주는 끝없는 샘물과 같습니다.

학습은 단순한 작업이나 부담이 아닙니다. 그것은 오히려 축제와 같은 것입니다. 새로운 지식과 경험은 마치 댄스 파트너와 같아서, 우리를 더 높은 수준으로 데려가 줍니다. 그래서, 아무리 많이 배운다 해도 우리의 마음은 지치지 않습니다. 실제로 그럴수록 더 강해지고, 더 똑똑해지며, 더 행복해집니다.

학습을 단순한 일로 보지 말고, 삶의 중요한 부분, 특별한 선물로 받아들이면 어떨까요? 학습이 우리의 마음과 삶을 어떻게 풍요롭게 만들어 주는지 알게 되면, 우리는 더 많은 것을 배우고 싶어 하게 될 것입니다.

"마음의 끝없는 강은 지혜의 물결에 춤을 춥니다. 물방울로 이루어진 무지개, 배움의 색채가 이른 아침 안개에 번져 가, 천지의 신비가 숨어 있는 열매의 숲에는 지식의 나무가 무성해집니다. 마음은 흐르는 구름처럼, 지혜의 바람을 타고 수많은 산과 강을 넘어, 끝없이 변화를 꿈꿉니다. 선한 꽃이 피어나 어둠의 영혼을 밝히는 그때, 마음은 지혜의 물결과 영원히 하나가 될 것입니다."

11. Ignorance is the root cause of all difficulties. -Plato-

품사 구분

Ignorance / Is / The / Root Cause / Of / All / Difficulties
명사 / 상태동사 / 한정사·정관사 / 명사구 / 전치사 / 한정사 / 복수명사

문장 성분

Ignorance/주어부, Is the root cause of all difficulties/서술어부, The root cause/보어, Of all difficulties/수식어부

문장 구조

이 문장은 주어+동사+보어+수식어(S+V+C+M) 구조를 가지는 평서형 단문입니다.

서술어부(Predicate) "Is the root cause"는 주어 "Ignorance"에 대해 설명하는 부분입니다.

수식어부(Modifier) "Of all difficulties"는 주격 보어부인 "The root cause"를 수식해 주고 있는 전치사구(Prepositional Phrase)입니다.

"Of all difficulties"는 "the root cause"를 수식하여 더 구체적인 정보를 제공하지만, 이를 생략해도 주어와 서술어 사이의 기본적인 관계는 유지되며 문장의 기본 의미는 전달될 수 있습니다.

의미 단위

Ignorance / Is the root cause / Of all difficulties
무지 / 근본 원인이다 / 모든 어려움들의

"Ignorance"이라는 단어의 어원은 라틴어에서 유래되었습니다. 라틴어 단어 'ignorantia'에서 파생된 이 단어는 '무지'나 '미지식'을 의미합니다. 'ignorantia'는 라틴어 동사 'ignorare'에서 비롯되었으며, 'ignorare'는 '모르다'나 '알지 못하다'라는 의미를 가집니다. 'ignorare'는 또한 라틴어 'gnarus'와 반대되는 의미를 가진 'in-' 접두사와 결합되어 있습니다. 'gnarus'는 '알고 있는'이나 '지식이 있는'을 의미하며, 'in-' 접두사는 부정을 나타냅니다. 따라서 'ignorare'는 '알지 못하는'이라는 의미로 해석할 수 있습니다.

문장 감상

Ignorance is the root cause of all difficulties.
무지함은 모든 어려움과 문제의 근본 원인이다.

우리가 직면하는 문제와 난관의 대부분은 우리가 모르는 것, 혹은 이해하지 못하는 것에서 비롯되는 경우가 많습니다. 무지는 단순히 모르는 것을 넘어서기 때문에 인간의 행동과 판단에 있어서 그림자와도 같습니다. 이 무지의 그림자 아래에서 우리는 잘못된 판단을 내릴 수 있고, 불필요한 갈등을 초래하며, 결국 자신과 타인 모두를 힘들게 만들 수 있습니다.

무지는 교육의 부재만을 의미하는 것은 아닙니다. 심리적, 사회적, 문화적 차원에서의 무지도 포함됩니다. 다른 문화나 종교에 대한 이해의 부재는 인간관계에서 오해와 갈등을 초래하기도 합니다. 이렇게 되면 서로의 견해와 가치를 존중하기보다는 대립과 충돌의 과정에서 시간과 에너지를 낭비하게 됩니다.

하지만, 교육과 지속적인 학습을 통해 무지를 이겨 내고, 그로 인해 생길 수 있는 어려움과 장애를 극복할 수 있습니다. 이를 위해 우리는 개방적인 마음과 호기심을 가져야 합니다. 지식과 이해는 두려움과 편견을 극복하는 가장 효과적인 도구이기 때문입니다.

"무지한 마음은 어려움의 씨를 뿌리는 밭이 되어, 참담한 고통의 열매를 맺게 합니다. 그러나 지혜의 달빛은 어둠을 밝히듯이, 무지의 벽을 무너뜨리고 인간의 영혼을 비추어 줍니다. 지식의 꽃이 마음의 정원에 피어나면, 어려움은 부질없는 가루처럼 사라져 버립니다. 무지함을 넘어 지식과 지혜로움을 얻은 자는 온 세상을 아름다운 그림처럼 그려 갈 것입니다."

12. The first and the best victory is to conquer self. -Plato-

품사 구분

The / First / And / The / Best / Victory / Is / To / Conquer / Self
한정사 / 형용사 / 접속사 / 한정사 / 형용사 / 명사 / 연결동사 / 전치사 / 동사 / 명사

문장 성분

The first and the best victory/주어부, Is to conquer self/서술어부, Is/be동사 서술어, To conquer self/To부정사 보어, Self/목적어

문장 구조

이 문장은 주어+동사+보어(S+V+C) 구조를 가지는 평서형 단문입니다.

서술어 "Is"는 주어부와 보어를 연결하는(Linking) 역할을 하고 있습니다. 보어부(Complement) "To conquer self"는 To부정사(To infinitive)가 사용되어 주어부 행동의 목적을 나타내고 있습니다.

"Self"는 이 문장에서 자기 자신, 즉 개인의 내면, 욕구, 감정, 충동 등을 의미합니다.

"The first and the best victory is to conquer self"라는 문장은 자기 자신을 이기는 것이 첫 번째이자 최고의 승리라는 의미를 전달하고 있습니다. 만약 "the"와 같은 한정사를 "self" 앞에 사용하게 된다면, 그 의미가 특정한 '자신'이나 구체적인 '개인'을 가리키게 됩니다. 하지

만, 이 문장의 목적은 일반적이고 보편적인 의미에서의 '자신'을 이기는 것을 강조하는 것이기 때문에, 한정사를 사용하지 않은 것입니다.

의미 단위

The first and the best victory / Is to conquer self
최초이자 최고의 승리는 / 자신을 정복하는 것이다

문장 감상

The first and the best victory is to conquer self.
최초이자 최고의 승리는 자신을 정복하는 것이다.

우리의 감정, 충동, 생각에 통제력을 가지고 있다면, 더 행복하고 성공적인 인생을 살 수 있을 것입니다. 자기 통제는 우리가 직면하는 유혹이나 난관을 극복할 수 있는 힘을 줍니다. 자아 정복은 자신을 이해하고, 약점을 극복하며, 더 나은 인간으로 성장하는 과정을 의미합니다.

자신을 정복하는 것은 그 어떤 외부의 승리보다도 더 큰 의미를 갖습니다. 자신의 두려움, 의심, 한계를 극복하면 우리는 무한한 가능성을 향해 전진할 수 있습니다. 이러한 승리를 통해 우리는 진정한 자신의 힘을 깨닫게 되며, 그 힘이 바로 우리의 미래를 밝게 만드는 불꽃이 됩니다.

"자아를 정복하는 승리란, 내 안의 바다를 가라앉혀, 폭풍의 눈물을 잠재우는 행위입니다. 감정의 무게를 견디고, 충동이 찾아올 때, 굳건히 서, 자신의 그림자를 깨우치며, 빛과 어둠 사이의 길을 걷는 것입니다.

그 승리를 향한 여정에서 내면의 평화를 찾아 자아를 정복함으로써, 참된 성장의 빛을 발할 수 있습니다."

13. The beginning of wisdom is the definition of terms. -Socrates-

품사 구분

The / Beginning / Of / Wisdom / Is / The / Definition / Of / Terms
한정사 / 동명사 / 전치사 / 명사 / 동사 / 한정사 / 명사 / 전치사 / 복수명사

문장 성분

The beginning of wisdom/주어부, Of wisdom/전치사 수식어, Is the definition of terms/서술어부, The definition of terms/보어, Of terms/전치사 수식어

문장 구조

이 문장은 주어+동사+보어(S+V+C) 구조를 가지는 평서형 단문입니다. 명사형 주어부는 "The beginning of wisdom"으로, '지혜의 시작'이라는 개념을 나타냅니다. 연결동사는 "is"로, 주어와 주격 보어 사이의 동치 관계를 나타냅니다. 주격 보어는 "the definition of terms"로, '용어의 정의'라는 개념을 나타냅니다.

전치사구 "of wisdom"과 "of terms"는 각각 명사 "beginning"과 "definition"을 수식하여 구체적인 의미를 부여하고 있습니다.

"terms"를 복수형으로 사용한 이유는 여러 개의 용어를 나타내기 위함입니다. 복수형 "terms"를 사용하면 문장은 여러 개의 용어가 함께 정의되어야 함을 강조하게 됩니다. 이렇게 하면 이 문장이 전달하는 정

보가 더 구체적이고 완전해집니다. 단수형인 "term"을 사용하면 문장은 단지 한 가지 개념에 대한 정의로 제한되어 지혜의 시작이라는 개념을 충분히 전달하지 못할 수 있습니다.

의미 단위

The beginning of wisdom / Is / The definition of terms
지식의 시작 / ~이다 / 용어의 정의

문장 감상

The beginning of wisdom is the definition of terms.
지혜의 시작은 용어의 정의이다.

진정한 지혜를 추구하려면, 먼저 우리가 사용하는 용어와 개념에 대해 명확히 이해해야 합니다. 단순히 말로 표현하는 것이 아니라, 그 뒤에 숨겨진 깊은 의미와 그것이 가지는 가치를 이해하고 통찰해야 한다는 것입니다.

하지만, 지혜는 복잡한 철학적 사유나 대단한 깨달음에서만 찾아지는 것만은 아닙니다. 그것은 우리 일상 속의 간단한 것에서 시작됩니다. 그 시작은 바로 우리가 사용하는 각각의 용어와 개념에 대한 깊은 이해에서 비롯됩니다.

우리가 사용하는 각각의 단어와 문장 뒤에는 그 의미와 가치, 그리고 그것을 바탕으로 형성된 세계관이 있습니다. 용어의 정의를 통해 우리는 자신의 생각을 명확히 할 수 있고, 다른 사람들과의 소통도 더욱 원활하게 진행할 수 있을 것입니다.

 "지혜가 피어나는 정원, 은빛 달 아래에 씨앗이 뿌려집니다. 풀밭에 맺힌 아침 이슬과 같이, 용어들은 유리알처럼 맑은 의미로 반짝이고 있습니다. 언어의 춤 속에서 우리는 손을 잡고 왈츠를 춥니다. 용어의 교향곡은 우리의 이해를 깨어나게 합니다. 풀리는 수수께끼와 밝혀지는 보물들처럼 언어를 통해 우리가 구하는 지혜가 모습을 드러냅니다."

14. A man's worth is no greater than the worth of his ambitions. -Marcus Aurelius-

품사 구분

A / Man's / Worth / Is / No / Greater / Than / The / Worth / Of / His / Ambitions

한정사 / 소유격 명사 / 명사 / 연결동사 / 부정형 부사 / 비교급 형용사 / 접속사 / 한정사 / 명사 / 전치사 / 소유격 한정사 / 복수명사

문장 성분

A man's worth/주어부, Is no greater than the worth of his ambitions./서술어부, No greater than/비교구, The worth of his ambitions/명사구, Of his ambitions/전치사구

문장 구조

이 문장은 주어+동사+보어적 비교 구문(Subject+Verb+Complementary comparative phrase)으로 이루어진 평서형 단문입니다.

연결동사 "Is" 이하의 내용은 비교 접속사 "Than"을 포함하는 비교 구문의 내용 "No greater than the worth of his ambitions"와 주어부 "A man's worth"를 동일한 의미로 연결하고 있습니다.

이 문장에서 "Than"은 접속사로 사용되었습니다. "Than"이 전치사로 사용될 때는 그 뒤에 명사나 명사구가 직접 따라오며, 목적어로 사용될 경우입니다. Ex) He his older than me. 이 문장에서 "Than" 이

하의 "The worth of his ambitions"가 형태상 명사구로 보일지라도 선행절의 연결동사 "Is"가 생략되어 있어 실제 의미는 "The worth of his ambitions is/그의 야망의 가치보다"로 해석되어 절(Clause)의 형태를 가집니다. 이 때문에 "Than"은 전후 두 개의 절을 연결하는 접속사로 구분됩니다.

"A man"이라는 단수 표현이 사용된 이유는, 이 문장이 일반적인 사람, 즉 모든 사람에 대한 일반적인 원칙이나 교훈을 전달하려고 하기 때문입니다. 영어에서는 단수 명사를 사용하여 일반적인 개념이나 범주를 나타내는 경우가 많습니다. 예를 들어, "A dog is a loyal animal"이라는 문장에서 "A dog"는 특정한 개를 지칭하는 것이 아니라 모든 개, 즉 개라는 종 전체에 대한 일반적인 의미를 가지고 있으며, 이 문장에서 "A man"은 특정한 남자가 아닌 모든 사람을 의미하는 것으로 이해하면 됩니다.

"His ambitions"에서 "Ambitions"가 복수형으로 사용된 이유는, 그 사람이 하나 이상의 야망이나 목표를 가질 수 있음을 표현하기 위함입니다. "Ambition"이라는 단어는 개인의 열망이나 목표를 나타내며, 이는 복수형으로 사용되어 여러 가지 열망이나 목표를 표현하고, 인간의 다양한 야망을 나타내는 것으로 이해할 수 있습니다.

의미 단위

A man's worth is / No greater / Than the worth of his ambitions

인간의 가치는 ~이다 / 크지 않다 / 그 사람의 야망의 가치보다

문장 감상

A man's worth is no greater than the worth of his ambitions.

인간의 가치는 그의 야망의 가치보다 크지 않다.

잠시 눈을 감고 자신의 내면을 들여다보며 자신이 이루고자 하는 목표를 생각해 봅시다. 우리가 꿈꾸는 것, 우리가 이루고자 하는 것, 우리가 추구하는 것, 그것이 바로 우리의 가치를 결정합니다. 우리의 가치를 높이려면, 더 높은 꿈과 야망을 가져야 합니다. 더 큰 꿈을 꾸고, 더 큰 목표를 설정하고, 그것을 향해 끊임없이 노력해야 합니다.

하지만 야망만으로는 충분하지 않습니다. 야망은 꿈이며, 그 꿈을 실현하기 위해서는 행동이 필요합니다. 여러분의 꿈을 향해 나아가십시오. 실패를 두려워하지 마십시오. 실패는 성공으로 가는 길목에 있는 수많은 걸음 중 단지 "한 걸음"일 뿐입니다.

15. Look forward with hope, not backward with regret. -Eleanor Roosevelt-

품사 구분

Look / forward / With / Hope / Not / Backward / With / Regret
동사 / 부사 / 전치사 / 명사 / 부정형 부사 / 부사 / 전치사 / 명사

문장 성분

주어부 생략(명령형), Look forward/서술어부, With hope/보어부, Not backward/서술어부, With regret/보어부

문장 구조

이 문장은 동사+수식어(V+M) 구조를 가지는 주어가 생략된 명령형 단문입니다.

단문(Simple Sentence)이란 하나의 주어와 하나의 동사를 가지는 문장을 의미합니다. 여기서 "Look"이 동사이며, 명령문 형식에 따라 주어는 생략되었습니다. 단문은 하나의 독립된 절만을 포함합니다. 여기서 절은 "Look forward with hope", "not backward with regret" 두 개이지만 동일한 동사 'Look'를 공유하고 있고, 중문(Compound Sentence)이나 복문(Complex Sentence)에 요구되는 종속절이나 독립적인 절을 포함하고 있지 않기 때문에 이 문장은 단문으로 볼 수 있습니다. "Look forward"는 구 동사(Phrasal Verb)로 볼 수 있으며, "Backward"는 부사로, 동사 "Look"를 수식하고 있습니다.

의미 단위

Look forward / With hope / Not backward / With regret
앞을 보아라 / 희망을 가지고 / 뒤가 아닌 / 후회를 가지고

문장 감상

Look forward with hope, not backward with regret.
희망을 가지고 앞을 보아라, 후회를 가지고 뒤돌아보지 말고.

만약 우리가 계속해서 뒤를 돌아보며 걷는다면, 앞으로 나아가는 길을 잘 볼 수 없게 됩니다. 그러다 보면 결국 목적지에 도착하지 못하거나 중간에 잘못된 길로 들어설 수 있습니다. 우리의 시선을 미래에, 그리고 가능성과 기회에 맞추어야 합니다. 과거의 실패는 우리를 좌절시키고, 앞으로 나아가는 것을 방해할 수 있습니다.

우리 인생에서 중요한 것은 앞을 향해 희망차게 나아가는 것입니다. 그리고 그 과정에서 항상 희망을 갖고 앞을 보며, 뒤로 돌아보며 후회하는 대신 우리가 걸어온 길에서 얻은 교훈을 새로운 희망으로 바꾸어 앞을 향해 나아가도록 노력해야 합니다. 물론, 과거의 실수나 실패를 되돌아볼 때 마음이 아플 수 있지만, 그럴 때마다 '과거는 과거이며, 지금 이 순간을 살아가는 것이 중요하다'는 것을 기억해야 합니다. 과거에 연연하지 않고, 지금 이 순간에 집중하며, 미래를 향한 희망을 갖는 것이 우리의 마음을 평화롭게 하고, 삶의 질을 향상시키는 길이 될 것입니다.

"머물러 있는 후회의 그늘은 지금 이 순간을 가리는 벽입니다. 그 벽을

허물고, 희망의 햇살을 받으며 앞을 바라보아야 합니다. 앞에 펼쳐진 길이 어둡더라도, 희망의 등불로 밝혀 내야 합니다. 과거의 실패는 성장의 영양분입니다, 그 영양분을 품고, 새로운 내일을 향해 나아가야 합니다."

16. What is not started today is never finished tomorrow. -Johann Wolfgang von Goethe-

품사 구분

What / Is / Not / Started / Today / Is / Never / Finished / Tomorrow
대명사 / 연결동사 / 부정형 부사 / 과거분사 / 부사 / 연결동사 / 부정형 부사 / 과거분사 / 부사

문장 성분

What is not started today/주어부, Is never finished tomorrow/서술어부

문장 구조

이 문장은 주어+동사+보어(S+V+C) 구조의 평서형 단문입니다. 명사절인 주어부 "What is not started today"가 "Is never finished"의 "be동사+과거분사"의 수동태로 완성되는 문장입니다.

과거분사형의 동사는 형용사적으로 사용될 수 있습니다. 예를 들어, "broken window", "stolen car", "written document" 등과 같은 표현에서 "broken", "stolen", "written"은 각각 "break", "steal", "write"라는 동사의 과거분사형으로, 형용사처럼 기능하고 있습니다. 이들은 각각 "부서진 창문", "도난당한 자동차", "작성된 문서"라는 의미를 가집니다. 이와 같이, 동사의 과거분사형은 형용사적 용법으로 사용되어 명사를

수식하며, 그 상태나 조건을 설명하는 역할을 합니다. 그리고 이런 형용사적 용법은 주로 완료된 행동이나 변경된 상태를 나타내는 경우에 사용됩니다.

"Started"와 "finished"는 이 문장에서 "수동태를 형성"하는 동사의 과거분사 형태로 사용되었습니다. 동사의 과거분사형이 형용사처럼 작동하는 경우에는 대개 명사를 수식하거나, 명사의 상태를 설명하는 역할을 합니다. 그러나 이 문장에서 "started"와 "finished"는 "be동사+과거분사"의 수동태를 형성하며, "What is not started today"와 "is never finished tomorrow"에서 주어부 관계대명사 "What"과 주어부 명사절 "What is not started today"의 동작이나 상태를 표현하고 있습니다.

"Today"는 '언제'라는 질문에 대답하는 시간과 관련된 부사이며, 동사 'started'가 발생하는 시간을, "Tomorrow"도 '언제'라는 질문에 대답하는 시간 부사이며, 동사 "Finished"가 발생하는 시간을 나타내고 있습니다.

의미 단위

What is not started today / Is never finished tomorrow
오늘 시작되지 않은 것은 / 절대로 내일 끝나지 않을 것이다

문장 감상

What is not started today is never finished tomorrow.
오늘 시작되지 않은 것은 결코 내일 완성되지 않을 것이다.

시작하는 것은 대개 어렵습니다. 그래도 그 첫걸음을 내딛는 순간, 우리는 이미 우리의 미래를 향해 한발 나아간 것입니다. 이것이 바로 희망의 시작입니다. '내일'은 오늘 우리가 행동을 취하지 않는다면 절대 오지 않습니다. 하지만 오늘, 지금 이 순간, 여러분이 그 첫걸음을 내딛는다면, 그 '내일'은 더 밝고 확실한 미래로 펼쳐질 것입니다.

오늘, 지금, 이 순간에 행동하십시오. 크거나 작거나 상관없습니다. 중요한 것은 그 첫걸음을 내딛는 것입니다. 그리하면 보다 희망찬 '내일'로 나아갈 수 있습니다. 절망이 아닌 희망으로, 두려움이 아닌 용기로 삶을 살아가십시오. 그리고 항상 기억하십시오. 오늘 당신이 시작한 모든 것이 내일 당신의 미래를 만들어 갈 것입니다. 오늘 시작하면, 내일은 우리가 바라는 미래가 될 것입니다. 오늘 우리의 꿈을 향해 한 발짝 나아가면, 내일은 그 꿈이 현실이 될 것입니다.

17. May the inward and outward man be as one. -Socrates-

품사 구분

May / The / Inward / And / Outward / Man / Be / As / One
법조동사 / 한정사 / 형용사 / 접속사 / 형용사 / 명사 / 상태동사 / 접속사 / 대명사

문장 성분

The inward and outward man/주어부, May ~ be/서술어부, As one/주격 보어

문장 구조

이 문장은 기원(바람)의 "Mood/법"을 가지는 "조동사+주어+동사+보어(Modal Verb+S+V+C)" 구조의 단문입니다.

법조동사(Modal Verb) "May"는 주어부 "the inward and outward man"에 대한 기원(바람)을 나타내는 기능을 하고 있습니다. 'be'는 여기서 'May'와 함께 사용되어 '~이 되기를 바라다'로 해석할 수 있으며, "As one"은 주격 보어로, 주어부 "the inward and outward man"과 동격의 의미를 가지고 있습니다.

이 문장에서 "As"는 접속사(Conjunction)의 기능을 합니다. "as"가 "one"을 수식하고 있는 것이 아니라, 두 구(phrase) "the inward and outward man"과 "one"을 동등한 관계로 연결하고 있기 때문입니다. 하지만, "As"는 "He has worked as a diplomat in the U.S."

에서의 사용과 같이 문맥에 따라 전치사로 기능하는 경우도 있으니 학습에 주의를 요합니다.

의미 단위

May / The inward and outward man / Be / As one
~을 바라다 / 내부의 사람과 외부의 사람 / ~이 되다 / 하나로

문장 감상

May the inward and outward man be as one.
내면의 사람과 외면의 사람이 하나가 되기를 바란다.

'내면의 사람'(inward man)과 '외면의 사람'(outward man)은 인간의 두 가지 측면을 나타냅니다. '내면의 사람'은 우리의 심리적 측면, 가치관, 믿음, 도덕 등 우리가 가진 근본적인 정신적 특성을 의미합니다. 반면, '외면의 사람'은 우리가 일상에서 보여 주는 모습, 행동, 언행 등 외부적으로 드러나는 특성을 의미합니다. 내면과 외면의 조화를 이루기 위해서는 스스로를 돌아보고, 내면의 가치를 반영한 행동을 취하는 것이 중요합니다. 내면과 외면의 조화는 진실성을 나타냅니다. 이러한 진실성은 타인과의 관계에서도 중요한 역할을 합니다. 내면의 가치를 외면의 행동으로 표현함으로써, 타인과의 신뢰와 진실한 관계를 형성할 수 있습니다.

사람들은 때때로 이 두 가지를 분리하려고 합니다. 진심을 숨기고, 행동을 가장하고, 외면의 자아를 가꾸는 데 많은 노력을 기울이기도 합니

다. 하지만 이렇게 되면 우리의 내면과 외면 사이에 불일치가 생겨 버립니다. 이런 불일치는 우리의 행복과 만족감을 위협하며, 더 나아가 스스로의 자아를 감싸는 불필요한 위선의 장벽을 만들어 버리게 됩니다. 진실된 감정과 가치를 숨기지 말고, 행동과 언어를 통해 그것들을 보여 주면, 스스로의 정체성이 확립되고, 타인과의 관계가 강화되어 자신을 더 잘 이해하고 사랑할 수 있는 능력이 생겨날 것입니다.

"눈부신 햇살 속에 서 있는 그림자처럼 내면의 마음과 외면의 모습은 빛을 향해 함께 걸어갑니다. 우리의 꿈이 활짝 피어나는 그날까지 내면과 외면이 손을 잡고 동행합니다. 가슴 깊숙이 간직한 숨겨진 감정들이 소중한 추억과 함께 꽃잎처럼 날리고, 눈물이 마르고 웃음이 찾아올 때, 내면과 외면이 서로를 안아 줄 것입니다."

18. The only way to do great work is to love what you do. -Steve Jobs-

품사 구분

The / Only / Way / To do / Great / Work / Is / To love / What / You / Do

한정사 / 형용사 / 명사 / To부정동사 / 형용사 / 명사 / 연결동사 / To부정동사 / 대명사 / 2인칭 대명사 / 동사

문장 성분

The only way to do great work/주어부, To do great work/To부정동사 형용사적 수식어, Is to love what you do/서술어부, To love what you do/주격 보어, What you do/관계대명사 목적어절

문장 구조

이 문장은 주어+동사+보어(S+V+C)의 구조를 가지는 평서형 단문입니다.

"The only way to do great work"는 복합 명사구로, 문장의 주어부 역할을 합니다. 명사구 "The only way"는, 형용사적 수식어부 "To do great work"를 가집니다. 연결동사 "Is"는 동사/서술어(verb)이며, 주어부와 보어부를 연결하는 연결 역할을 합니다. "To love what you do"는 To부정사 구문으로, 문장의 보어(complement) 역할을 합니다. "To love"는 To부정사 동사 원형으로, 'What you do'라는 관계

대명사절을 목적어로 가집니다. "What you do"는 관계대명사절로, 주어는 'you'이고, 동사는 'do'이며, 이 절 전체가 "To love"의 목적어입니다.

절(Clause)을 연결(Connect)하는 문법 기능 관점에서 "To love what you do" 문장에 사용된 "What"의 품사를 접속사(Conjunction)로 분류하는 관점도 있으니 참고하시기 바랍니다.

의미 단위

The only way / To do great work / Is to love / What you do
유일한 길 / 위대한 일을 하기 위한 / 사랑하는 것이다 / 당신이 하고 있는 것을

문장 감상

The only way to do great work is to love what you do.
훌륭한 일을 하는 유일한 길은 당신이 하는 일을 사랑하는 것이다.

우리는 삶에서 많은 시간을 일하는 데 투자합니다. 그러나 모든 사람이 자신이 하는 일에 만족하는 것은 아닙니다. 왜 그런 차이가 발생하는 걸까요?

연구에 따르면, 일에 대한 열정과 그 일을 얼마나 사랑하는지가 만족감을 느끼는 데 중요한 역할을 한다고 합니다. 자신의 일을 진심으로 사랑하면 그 일에 투입되는 에너지와 동기부여가 다르다는 것이 인지심리학에서 밝혀져 있습니다.

일에 대한 사랑과 열정은 'Flow/플로우'라는 상태를 경험하게 합니

다. 'Flow/플로우'는 일을 하면서 느끼는 최상의 몰입 상태로, 이때 우리는 최고의 성과를 낼 수 있습니다. 이 상태에서는 문제 해결 능력과 창의성이 향상되며, 스트레스나 지침을 덜 느끼며 일에 대한 만족감도 크게 늘어나게 됩니다.

"사랑하는 마음이 종이 위에 물감이 되어, 우리의 일터를 채색합니다. 산천에 내리는 빗방울처럼, 사랑이 우리의 일에 흠뻑 젖어 드니, 그 빗물은 건조한 땅에, 생명의 샘물이 될 것입니다. 별이 밤하늘을 수놓듯, 사랑이 일에 꿈을 수놓으니, 그 꿈은 어둠 속에서도, 빛나는 별이 되어 우리를 안내할 것입니다."

19. Today, you have 100% of your life left.
-Tom Landry, Former head coach of the Dallas Cowboys-

품사 구분

Today / You / Have / 100% / Of / Your / Life / Left
부사 / 인칭대명사 / 동사 / 명사 / 전치사 / 한정사 / 명사 / 형용사

문장 성분

Today/부사, You/주어부, Have 100% of your life left/서술어부, 100% of your life/목적어, Left/목적보어

문장 구조

이 문장은 주어+동사+목적어+목적보어(S+V+O+OC) 구조를 가지는 평서형 단문(Declarative type simple sentence)입니다.

주어 "You"가 동사 "Have"와 목적어부 "100% of your life left"를 취하고 있는 단순 구조의 문장입니다.

일반적으로 "Today"는 명사로 분류되기도 하지만 본 문장 속 문맥에 따라 부사(adverb)의 역할을 하기도 합니다. "Today"는 시간과 관련된 표현으로, 본 문장에서 "You have 100% of your life left" 절에 시간적 맥락을 제공하고 있습니다. 부사는 동사, 형용사, 또는 다른 부사를 수식하는 단어로서, 이 경우에는 "have"라는 동사를 수식하며 그 동작이 언제 일어나는지를 나타내는 부사의 역할을 하고 있습니다.

의미 단위

Today / You have / 100% of your life / Left
오늘 / 당신은 가지고 있다 / 당신 삶의 100% / 남아 있는

문장 감상

Today, You have 100% of your life left.
오늘, 당신은 남은 당신의 삶의 100%를 가지고 있다.

 우리는 자주 과거에 사로잡혀 자신의 과거 실패나 실수, 잘못된 선택을 후회하고, 틀린 결정을 내린 것에 대해 스스로를 자책하곤 합니다. 하지만 이런 생각은 우리가 미래를 향해 전진하는 데 장애만 될 뿐입니다.
 우리의 삶은 현재의 우리 손에 달려 있습니다. 과거의 실수, 실패, 놓쳐 버린 기회에 상관없이 오늘부터 새로운 시작을 만들 수 있습니다. 새로운 목표를 설정하고, 새로운 꿈을 꾸며, 새로운 경험을 만들 수 있습니다. 오늘부터 우리의 삶은 여전히 100% 남아 있기 때문입니다.
 과거에 사로잡혀 있어서는 안 됩니다. 미래에 대한 희망을 가져야 하며, 우리의 삶을 변화시킬 수 있는 스스로의 능력을 믿어야 합니다. 오늘을 시작으로 새로운 출발을 만들 수 있다는 사실을 기억하고, "오늘부터" 깨끗한 도화지에 새로운 가능성을 그리기 시작하면 됩니다.

 "오늘, 당신은 아직 시작되지 않은 무대 앞에 서 있습니다. 과거의 그림자는 사라지고, 미래는 한 줄기 빛처럼 밝게 빛나고 있습니다. 당신의 삶은 새로운 날의 새벽들과, 아직 깨지 않은 꿈들로 넘쳐 나고 있습니

다. 지금 이 순간, 세상은 당신을 향해 소리 없이 미소 짓고 있습니다. 새로운 시작들이 기다리며, 무한한 가능성들이 손을 흔들고 있습니다."

20. What we achieve inwardly will change outer reality. -Plutarch-

품사 구분

What / We / Achieve / Inwardly / Will / Change / Outer / Reality

명사절 대명사 / 1인칭 복수 대명사 / 동사 / 부사 / 조동사 / 동사 / 형용사 / 명사

문장 성분

What we achieve inwardly/주어부, Will change outer reality/서술어부, Change/서술어, Outer reality/목적어

문장 구조

이 문장은 주어+동사+목적어(S+V+O) 구조를 가지는 평서형 단문(Declarative type simple sentence)입니다.

주어부 "What we achieve inwardly"는 명사절 대명사 "What"이 이끄는 명사절(Noun clause)이며, 서술어 "Will change"의 목적어로 "Outer reality"를 취하는 일반적인 문장 구조를 가지고 있습니다.

품사로의 "What"은 의미 기능의 특성상 "I love what he loves"에서의 사용처럼 절(Clause)을 연결해 주는 "접속사와 유사한 기능"을 가지고 있어 접속사로 분류하는 의견도 있으니 참고하시기 바랍니다.

의미 단위

What we achieve inwardly / Will change outer reality
우리가 내면에서 이루어 낸 것 / 외부 현실을 바꿀 것이다

문장 감상

What we achieve inwardly will change outer reality.
우리가 내면에서 이룬 것은 외부의 현실을 바꿀 것이다.

내적 성장과 변화가 우리가 바라보는 세상을 결정합니다. 내적 변화는 우리가 배우고, 이해하며, 자신의 가치와 신념을 발전시키는 과정을 의미합니다. 우리가 어떻게 생각하고 느끼는지, 어떻게 행동하고 반응하는지를 바꾸는 것입니다.

우리의 내적 상태는 우리가 세상을 어떻게 인식하고 해석하는지에 영향을 미칩니다. 긍정적인 마음가짐을 가지면, 도전적인 상황도 기회로 볼 수 있습니다. 반대로, 부정적인 마음가짐을 가지면, 같은 상황이라도 장애물로 느껴질 수 있습니다.

내면의 변화는 시간과 노력, 자신에 대한 헌신이 필요합니다. 그것은 우리가 끊임없이 자신을 개선하고, 학습하며, 자신의 한계를 뛰어넘는 노력을 하는 것을 의미합니다. 우리가 내면에서 이루는 성장과 변화는 우리가 외부 세상을 경험하는 방식을 바꾸고, 더 나은 미래를 창조할 수 있는 힘을 우리에게 줄 것입니다.

21. The only way to achieve true happiness is to live in the present moment.
-Eckhart Tolle-

품사 구분

The / Only / Way / To achieve / True / Happiness / Is / To live / In / The / Present / Moment

한정사 / 형용사 / 명사 / To부정동사 / 형용사 / 명사 / 연결동사 / To부정동사 / 전치사 / 한정사 / 형용사 / 명사

문장 성분

The only way to achieve true happiness/주어부, To achieve true happiness/To부정동사 형용사적 용접, True happiness/명사구, Is to live in the present moment/서술어부, To live in the present moment/To부정동사 주격 보어부, In the present moment/전치사구 부사적 용접

문장 구조

이 문장은 주어+동사+보어(S+V+C) 구조를 가지는 단문입니다. "The only way to achieve true happiness"는 주어부, "is"는 연결동사로, 주어부와 보어부를 연결해 주는 역할을 합니다. "to live in the present moment"는 주격 보어부로, 주어부인 "The only way to achieve true happiness"가 무엇인지를 설명하는 부분입니다. "to achieve true happiness"는 "way"를 수식하여, 어떤 방법이나 경로를 구체적으로 설명하는 역할을 하는 형용사적 기능을 하고 있습니다. 만약 "to achieve true happiness"가 부사적으로 사용되었다면, 이는 문장의 동작을 수정하거나 설명하는 역할을 하게 될 것입니다. 그러나 이 부정사구는 문장의 동작이 아닌, 문장의 주제인 "way"를 설명하고 있으므로 형용사적으로 작용하고 있다고 볼 수 있습니다. 주격 보어는 주어를 설명하거나 보충하는 역할을 하는 문장 성분입니다. 이는 주로 "be"동사 뒤에 위치하며, 주어와 동일한 개체나 상태를 나타냅니다. 즉, 주격 보어는 주어가 무엇인지를 설명하거나 그 특성을 나타냅니다.

이 문장에서 "The only way to achieve true happiness"는 주어입니다. "is"는 연결동사로, 주어와 보어를 연결해 주는 역할을 합니다. "to live in the present moment"는 주격 보어로, 주어인 "The only way to achieve true happiness"가 무엇인지를 설명하는 부분입니다. "True happiness"라는 표현에서 "true"는 형용사로서 "happiness"를 수식하고 있습니다. 여기서 "happiness"는 무형의 개념을 나타내는 추상명사이며, 일반적으로 이러한 유형의 명사 앞에는 한정사를 사용하지 않습니다. 영어에서는 추상명사 앞에 한정사를 생략하는 경우가 흔하며, 이는 해당 명사가 일반적이거나 보편적인 의미를 가지는 경우입니다. 예를 들어 "love", "happiness", "freedom", "peace" 등과 같은 단어는 보통 한정사 없이 사용됩니다.

의미 단위

The only way / To achieve true happiness / Is to live / In the present moment

유일한 길 / 진정한 행복을 얻는 / 사는 것이다 / 현재의 순간에

문장 감상

The only way to achieve true happiness is to live in the present moment.

진정한 행복을 얻을 수 있는 유일한 길은 현재 순간을 살아가는 것이다.

진정한 행복은 단순히 순간적인 즐거움이나 만족감을 의미하는 것이 아니라, 내면의 평온함과 안정감, 삶에 대한 깊은 만족감을 의미합니다. 이러한 행복은 외부적인 요인이나 상황에 의존하지 않으며, 긍정적 감정이나 재산, 성공 등 외부적인 보상을 통해 얻어지는 것이 아닙니다.

우리는 종종 현재의 순간에서 벗어나 과거를 후회하거나 미래를 걱정하게 됩니다. 이는 우리가 우리 삶의 현재 상황을 직면하는 데 필요한 집중력을 흩어지게 만듭니다. 과거에 대한 후회는 우리가 현재에서 배울 수 있는 중요한 교훈을 가리며, 미래에 대한 걱정은 우리가 존재하지 않는 상황에 대해 스트레스를 받게 만듭니다. 진정한 행복은 현재 순간에 살아가며, 그 순간을 충분히 체험하고, 우리가 직면한 상황을 완전히 이해하고 받아들이는 것에서 나옵니다.

"행복은 바람에 흔들리는 꽃잎과 같아 잡으려고 하면 금방 사라집니다. 행복은 숲속의 나비와 같아 잡으려고 하면 금방 날아가 버립니다. 행복은 지금 이 순간에 있으니 잡으려고 하지 말고 그저 즐겨야 합니다."

22. The only way to change the world is to start with yourself. -John C. Maxwell-

품사 구분

The / Only / Way / To change / The / World / Is / To start / With / Yourself

한정사 / 형용사 / 명사 / To부정동사 / 한정사 / 명사 / 연결동사 / To부정동사 / 전치사 / 2인칭 대명사

문장 성분

The only way to change the world/주어부, The only way/명사구 주어, To change the world/To부정동사의 형용사적 용법, The world/목적어, Is to start with yourself/서술어부, To start with yourself/To부정동사 주격 보어부, With yourself/전치사구의 부사적 용법

문장 구조

이 문장은 주어+동사+보어 (S+V+C) 구조를 가지는 단문입니다.

"The only way to change the world"는 주어부, "is"는 연결동사로, 주어부와 보어부를 연결해 주는 역할을 합니다. "to start with yourself"는 주격 보어부로, 주어부인 "The only way to change the world"가 무엇인지를 설명하는 부분입니다. "to change the world"는 "way"를 수식하여, 어떤 방법이나 경로를 구체적으로 설

명하는 역할을 하는 형용사적 기능을 하고 있습니다. "To start with yourself"는 주격 보어부로서, 주어부가 무엇인지를 설명하고 있습니다.

"With yourself"는 전치사구의 형용사적 용법으로 "To start"를 수식하고 있습니다. 전치사구(Prepositional Phrase)는 문장에서 형용사와 부사의 역할을 합니다. 명사를 수식하거나 보어로 사용될 경우 형용사 역할(Ex: The toy on the table is mine, The watch is of great value)을 하며, 부사처럼 동사 등을 수식할 경우 부사적 역할(Ex: He slept well in his room)을 합니다.

의미 단위

The only way / To change the world / Is to start with / Yourself

유일한 길 / 세상을 바꾸는 / ~과 함께 시작하는 것이다 / 당신 자신

문장 감상

The only way to change the world is to start with yourself.

세상을 바꾸는 유일한 방법은 자신부터 시작하는 것이다.

세상을 바꾸고 싶다면, 그 변화를 위해 먼저 나 자신부터 변화시켜야 한다.

세상을 변화시키고자 하는 우리의 노력은 우리의 가치관, 태도, 행동에서 시작되어야 합니다. 우리가 세상을 바라보는 방식, 사람들에게 대하는 방식, 그리고 매일의 선택들은 우리 주변의 세상을 모양 지어 나갑니다. 이렇게 변화는 소소한 일상의 선택에서 시작되며, 이 작은 변화들

이 모여 세상을 바꾸는 거대한 파동을 일으킵니다.

우리가 존중과 이해를 실천하면, 우리 주변의 사람들 역시 그런 태도를 배웁니다. 우리가 환경을 위해 친환경적인 선택을 하고 그에 대해 이야기하면, 다른 사람들에게도 그런 행동을 하도록 영감을 줍니다. 우리가 용기와 정의를 실천하면, 사회를 바꿀 수 있는 힘을 보여 주는 것입니다.

세상을 바꾸고 싶다면, 먼저 우리 자신을 바꿔야 합니다. 우리의 가치관을 존중하고, 우리의 행동을 고쳐 가고, 우리 모두가 만들어 나가는 이 세상에 우리의 변화가 반영되도록 해야 합니다. 이것이 바로 세상을 바꾸는 유일한 길이며, 이것이 바로 우리 모두가 꿈꾸는 더 나은 미래로 가는 길입니다.

"세상을 변화시키는 열쇠는 내 손안에 있고 심장의 속삭임은 나를 움직이게 합니다. 눈앞에 펼쳐진 무지개를 그리는 것은 자신의 팔레트에서 시작됩니다."

23. The only thing that overcomes hard luck is hard work. -Harry Golden-

품사 구분

The / Only / Thing / That / Overcomes / Hard / Luck / Is / Hard / Work

한정사 / 형용사 / 명사 / 관계대명사 / 동사 / 형용사 / 명사 / 연결동사 / 형용사 / 명사

문장 성분

The only thing that overcomes hard luck/주어부, That overcomes hard luck/관계대명사절, Hard luck/목적어구, Is hard work/서술어부, Hard work/보어구

문장 구조

이 문장은 주어+동사+보어(S+V+C) 구조를 가지는 평서형 단문입니다. Subject(주어부) "The only thing that overcomes hard luck"는 명사 "thing"과 그 명사를 수식하는 관계절 "that overcomes hard luck"으로 구성됩니다. Verb(서술어) "is"는 주어와 보어를 연결하는 'be동사'입니다. Complement(보어) "hard work"는 'be동사' 이후에 나오며, 주어에 대한 설명이나 보충 정보를 제공합니다. 여기서 "hard work"는 주어부 "The only thing that overcomes hard luck"를 설명합니다. "hard luck"과 "hard work" 앞에 특정한 한정

사가 사용되지 않은 이유는 "hard luck"과 "hard work"가 일반적인 개념을 나타내기 때문입니다. 영어에서는 특정한 개체나 사람을 지칭하는 명사 앞에는 보통 한정사(the, a, an 등)를 사용합니다. 그러나 일반적인 개념, 특성, 상태 또는 카테고리를 지칭하는 명사 앞에는 한정사를 사용하지 않는 경우가 많습니다. 이러한 경우의 예로는 "love", "happiness", "war", "peace" 등이 있습니다. 이 문장에서 "hard luck"과 "hard work"는 각각 어려운 상황을 지칭하는 일반적인 상태와 열심히 일하는 것을 지칭하는 일반적인 개념을 나타냅니다. 이러한 이유로 이 두 단어 앞에 한정사가 생략되었습니다. 한정사를 생략함으로써 이 두 단어는 더 일반적이고 보편적인 의미를 가집니다.

의미 단위

The only thing / That overcomes hard luck / Is hard work
유일한 것 / 불운을 극복하는 / 노력이다

문장 감상

The only thing that overcomes hard luck is hard work.
불운을 극복하는 유일한 것은 열심히 일하는 것이다.
힘든 상황을 이기는 가장 좋은 방법은 끈질긴 노력이다.

세상은 항상 공평하지는 않습니다. 때로 우리는 어려운 운명에 직면하게 되곤 합니다. 실패와 좌절을 겪을 때 운명을 원망하곤 합니다. 어떤 때는 우리가 부딪치는 어려움이 운명적인 것처럼 느껴질 수도 있습니다.

어려운 운명은 우리의 삶을 힘들게 만들지만, 우리를 무기력하게 만들지는 않을 것입니다. 오히려 그것은 우리에게 더욱 강하게 성장할 기회를 제공할 것입니다. 그리고 그 성장을 가능하게 하는 것은 바로 우리의 노력입니다. 노력이란 것은, 어려운 상황이 우리 앞에 닥쳤을 때, 우리가 그 상황을 극복하기 위해 행하는 일련의 활동입니다. 노력은 우리가 운명을 직접 주도할 수 있게 하는 힘을 부여합니다. 역설적이지만, 노력은 우리가 희망을 잃지 않고, 자신의 목표를 향해 나아가는 데 필요한 에너지를 제공합니다.

어떤 어려움이 있더라도, 그것을 이길 수 있는 힘은 우리 안에 있습니다. 그 힘은 바로 노력입니다. 어떤 상황에서도 우리는 포기할지, 아니면 그 어려움을 극복하기 위해 노력을 기울일지를 선택할 수 있습니다. 우리는 "노력"을 선택하면 됩니다.

"폭풍우가 몰아치고 잔인한 바다처럼 운이 나빠지고, 불행의 파도가 걷잡을 수 없이 나타날 때, 무기력하게 폭풍우의 분노에 굴복하지 마십시오. 폭풍우 가운데 우리에게는 저어 나갈 노와 횃불이 있기 때문입니다."

24. The only way to find true peace is to let go of all attachments. -Buddha-

품사 구분

The / Only / Way / To find / True / Peace / Is / To let go / Of / All / Attachments

한정사/ 형용사 / 명사 / To부정동사 / 형용사 / 명사 / 연결동사 / To부정동사구 / 전치사 / 한정사 / 명사

문장 성분

The only way to find true peace/주어부, To find/To부정동사 형용사적 용법, true peace/목적어, Is to let go of all attachments/서술어부, To let go/To부정동사 주격 보어 용법, Of all attachments/전치사구 목적어

문장 구조

이 문장은 주어+동사+보어(S+V+C) 구조를 가지는 평서형 단문입니다. "The only way to find true peace"가 명사절 주어부이며, "To find true peace"는 명사 "way"를 수식하는 To부정사의 형용사 구문입니다. "Is to let go of all attachments"는 문장의 서술부이며, 주어에 대해 부연 설명을 합니다. 여기서 "Is"는 연결동사(서술 동사)이며, "To let go of all attachments"는 To부정사의 명사적 구문입니다. To부정사는 명사(noun), 형용사(adjective), 또는 부사(adverb)처

럼 작용할 수 있습니다. 이 문장에서 "To let go of all attachments"는 연결동사 "Is" 뒤에 오며, 주어인 "The only way to find true peace"에 대한 보어적 설명을 합니다. 이 때문에, 이 "To부정사 구문"은 명사처럼 작용하고 문장에서 명사적 서술어 역할을 합니다. 그러므로, "To let go of all attachments"는 이 문장에서 명사적(주격 보어부)으로 사용되었고 형용사적으로는 사용되지 않습니다. 형용사적 부정사의 예로는 "I have books to read"에서의 "To read"가 있습니다. 여기서 "To read"는 "Books"를 수식하며, 어떤 종류의 책인지를 형용사적으로 설명합니다.

"Let go"는 영어에서 일반적으로 사용되는 구동사(Phrasal verb)입니다. 이 구문에서 "let"은 주어에게 무언가를 수행하도록 허락하는 동사로 작용하며, "go"는 그 수행되어야 하는 행동을 나타내는 동사로 두 가지 동사가 결합하여 새로운 의미의 동사 역할을 합니다.

의미 단위

The only way / To find true peace / Is to let go of / All attachments
유일한 길 / 진정한 평화를 찾는 / ~을 보내는 것이다 / 모든 집착들

문장 감상

The only way to find true peace is to let go of all attachments.
진정한 평화를 찾는 유일한 길은 모든 집착을 보내는 것이다.
진정한 평화를 찾는 유일한 방법은 모든 집착을 놓아 버리는 것이다.

"집착/Attachments"는 우리가 흔히 가지고 있는 물질적 소유, 인간관계, 생각, 감정, 욕구 등에 대한 과도한 집착이나 의존을 의미할 수 있습니다. 집착은 우리에게 불안과 스트레스를 유발하며, 외부 요인에 대한 과도한 의존으로 우리의 평화와 행복을 방해할 수 있습니다. 모든 집착을 놓아주는 것은 내면의 평화와 자유를 얻기 위해서는 과도한 집착에서 벗어나 필요 이상으로 소유하려는 욕구를 포기해야 한다는 것을 의미한다고 볼 수 있습니다. 이런 관점은 동양 철학, 특히 불교에서 자주 볼 수 있는 가르침이며, 마음의 평화와 행복을 찾는 방법에 대한 중요한 원칙이기도 합니다.

당신의 과거를 놓아주십시오. 그것은 이미 지나갔습니다. 당신의 미래를 놓아주십시오. 그것은 아직 오지 않았습니다. 당신의 현재에 집중하십시오, 그리고 그것을 즐기십시오. 그 순간에만 살아 있음을 느끼십시오.

"봄날의 벚꽃이 잠시 머무르다가 기꺼이 떨어져 나가는 것처럼, 그 어떤 집착도 마음속에 머무르지 않게 해야 합니다. 자유로운 하늘에 흩어진 구름이 결코 하늘을 붙잡지 않듯, 그런 마음으로 모든 것을 받아들여야 합니다. 그것이야말로, 진정한 평화를 찾는 길입니다."

25. The only way to have peace of mind is to give up the desire for having things your own way. -American author Ralph Waldo Emerson-

품사 구분

The / Only / Way / To / Have / Peace / Of / Mind / Is / To give up / The / Desire / For / Having / Things / Your / Own / Way

한정사 / 형용사 / 명사 / 전치사 / 동사 / 명사 / 전치사 / 명사 / 연결동사 / To부정동사 / 한정사 / 명사 / 전치사 / 동명사 / 명사 / 2인칭 소유격 한정사 / 형용사 / 명사

문장 성분

The only way to have peace of mind/주어부, Is to give up the desire for having things your own way/서술어부, For having things your own way/전치사구 수식어부

문장 구조

이 문장은 주어+동사+보어(S+V+C) 구조의 평서형 단문입니다.

To부정사구 "To have peace of mind"는 주어구(Subject Phrase) "The only way"를 형용사적으로 서술해 주고 있으며, 서술어부의 To부정사구 "To give up the desire for having things your own way"는 보어부(Complement)로 주어부를 형용사적으로 서술해 주고

있습니다.

주어+동사+보어(S+V+C) 구조의 평서형 단문이지만, 문장 내의 주어부와 보어부가 모두 복잡한 구조를 가지고 있어 난해해 보일 수 있으나 주어와 동사의 관계를 파악하고 흐름을 이해한다면 어렵지 않게 이해되는 문장입니다.

의미 단위

The only way / To have peace of mind / Is to give up the desire / For having things your own way

유일한 길 / 마음의 평화를 가지는 / 욕망을 포기하는 것이다 / 일들을 당신의 방법으로 되게 하려는

문장 감상

The only way to have peace of mind is to give up the desire for having things your own way.

마음의 평화를 얻는 유일한 방법은 자신만의 방식으로 일을 처리하려는 욕구를 포기하는 것이다.

마음의 평화는 자유로움과 밀접한 관련이 있습니다. 자유로움은 모든 것을 내 방식대로 할 수 있는 능력이 아니라, 세상이 나에게 던지는 다양한 일에 대해 열린 마음으로 받아들일 수 있는 능력에서 비롯됩니다.

인생에서 모든 일이 항상 내 의도대로 되지는 않습니다. 그럴 때마다 실망하고 분노하는 대신, 그 상황을 받아들이고 유연하게 대처한다면,

마음의 평화가 따라올 것입니다. 마치 풀밭에 앉아 부드러운 바람을 느끼는 것처럼, 우리 안의 소란스러움을 잠재우고 새로운 가능성을 열어줄 것입니다.

26. The future belongs to those who believe in the beauty of their dreams.
-Eleanor Roosevelt-

품사 구분

The / Future / Belongs / To / Those / Who / Believe / In / The / Beauty / Of / Their / Dreams
한정사 / 명사 / 동사 / 전치사 / 대명사 / 관계대명사 / 동사 / 전치사 / 한정사 / 명사 / 전치사 / They의 소유격 한정사 / 명사

문장 성분

The future/주어부, Belongs to those who believe in the beauty of their dreams/서술어부, Those who believe in the beauty of their dreams/목적어부, Who believe in the beauty of their dreams/주격 관계대명사절, In the beauty of their dreams/전치사구 부사적 용법, In the beauty/전치사구 부사적 용법, Of their dreams/전치사구 형용사적 용접

문장 구조

이 문장은 주어+동사+전치사구 목적어(S+V+Prepositional Phrase Object) 구조의 평서형 단문입니다.

주어부 "The future"와 서술어 "Belongs"는 전치사구 명사절(Prepositional Phrase Noun Clause) "To those who believe in the beauty of their dreams"를 목적어로 가지고 있으며, 이 전치사구 명사절은 관계대명사절 "Who~"와 서술어 "Believe", 소단위 전치차시구 명사절 "In the beauty", "Of their dreams"로 구성되어 있습니다.

"Belongs"에 's'가 붙은 이유는 3인칭 단수 주어 "The future"의 수(Number)의 일치 때문입니다. 영어의 동사는 주어의 수(단수나 복수)와 인칭(1인칭, 2인칭, 3인칭)에 따라 형태가 변화할 수 있습니다. 특히, 현재 시제의 3인칭 단수 주어 (he, she, it 또는 단수 명사)와 함께 사용되는 동사는 's' 또는 'es'를 끝에 붙여야 합니다.

"Dreams"를 복수 형태로 사용하는 것은 개인의 여러 가지 꿈들을 의미하고, 꿈을 가진 모든 사람들의 다양한 꿈을 포괄적으로 표현하기 위한 것입니다.

의미 단위

The future / Belongs to those / Who believe in / The beauty of their dreams

미래는 / 그들에게 속해 있다 / ~을 믿는 사람에게 / 그들 꿈의 아름다움

문장 감상

The future belongs to those who believe in the beauty of their dreams.

미래는 그들의 꿈의 아름다움을 믿는 사람들에게 속해 있다.
미래는 그들의 꿈의 아름다움을 믿는 사람들의 손에 달려 있다.

꿈의 아름다움이란, 우리가 상상하는 미래의 모습, 이루고자 하는 목표, 그리고 우리가 사랑하고 희망하는 모든 것입니다. 그 꿈은 우리를 움직이게 하고, 에너지를 불어넣어 주며, 우리를 미래로 인도합니다.

미래는 단순히 시간의 흐름에 따라오는 것이 아니라, 우리의 희망, 열정, 그리고 꿈의 힘에 의해 서서히 만들어집니다. 세상의 모든 변화와 도전 속에서 우리는 미래에 대한 불안과 의심을 느끼곤 합니다. 미래는 그저 운명이 결정하는 것이 아니라, 우리의 꿈과 그것을 믿는 마음에 달려 있습니다. 현재의 상황에서 꿈꾸는 무언가가 있다면, 그것을 향한 믿음을 가지고 한발 한발 앞으로 걸어가면 됩니다.

"꿈이란 마음의 연못에 반사되는 달빛, 아름다움을 믿는 자, 그자가 바로 미래의 주인입니다. 가슴 속에 그리는 꿈의 그림자, 그것이 바로 인생의 지평선입니다. 그렇게 가슴 속에 꿈을 품고, 하루하루를 정성껏 살아가는 것, 그것이 바로 미래를 만드는 우리의 걸음입니다."

27. The misuse of language induces evil in the soul. -Socrates-

품사 구분

The / Misuse / Of / Language / Induces / Evil / In / The / Soul
한정사 / 명사 / 전치사 / 명사 / 동사 / 명사 / 전치사 / 한정사 / 명사

문장 성분

The misuse of language/주어부, Induces evil in the soul/서술어부, Induces/서술어, Evil in the soul/목적어, In the soul/수식어

문장 구조

이 문장은 주어+동사+목적어+수식어(S+V+O+M) 구조를 가지는 평서형 단문입니다.

이 문장에서는 "language"의 잘못된 사용인 "misuse"가 주어입니다. 동사(Verb) "induces"는 문장에서 일어나는 동작이나 상태를 나타냅니다. 여기서 "induces"는 일으키거나 초래한다는 의미로 사용되었습니다. 목적어(Object) "evil"은 동사가 수행하는 동작이나 상태의 대상이 되는 단어입니다. 이 문장에서는 "evil"이 목적어로, "misuse of language"가 어떤 영향을 미치는지를 설명합니다. 전치사구 "in the soul"은 전치사 "in"과 함께 사용되는 명사 "the soul"이 결합된 전치사구입니다. 이 전치사구는 "evil"이 어디에 영향을 미치는지를 설명하며, 여기서는 "the soul" 즉, 영혼을 나타냅니다.

"Evil" 앞에 한정사를 사용하지 않은 이유는 문장에서 "evil"이 추상적 개념으로 사용되었기 때문입니다. 추상적 개념은 구체적인 대상이 아니기 때문에, 일반적으로 한정사 없이 사용할 수 있습니다. 영어에서는 추상적 개념을 나타내는 명사들이 종종 한정사 없이 사용되며, 문장의 의미와 맥락에 따라 의도적으로 한정사를 생략할 수 있습니다. 이 문장에서 "evil"은 언어의 남용이 영혼에 미치는 일반적인 부정적 영향을 설명하는 데 사용되었으므로, 한정사 없이 사용되었습니다. 만약 한정사를 사용하여 "the evil"이라고 표현하면, 특정한 악에 대해 언급하는 것으로 해석될 수 있어 문장의 의미가 달라질 수 있습니다.

따라서 이 문장에서는 추상적 개념으로서의 "evil"을 강조하기 위해 한정사를 생략한 것입니다. 주어인 "The misuse of language"는 단수 형태로, 단수 주어에 일치하는 동사 "induces"가 사용되어 주어 동사의 수가 일치되었습니다.

의미 단위

The misuse of language / Induces / Evil In the soul
언어의 오용 / 초래하다 / 영혼에 악

문장 감상

The misuse of language induces evil in the soul.
언어의 잘못된 사용은 영혼에 악을 불러일으킨다.
언어의 잘못된 사용은 마음속의 악을 만들어 낸다.

우리는 생각을 전달하고, 감정을 표현하며, 서로를 이해하기 위해 언어를 사용합니다. 그러나 언어는 단순한 도구를 넘어서, 우리의 사고와 행동, 심지어는 가치관까지도 영향을 미치는 위대하고 강력한 힘을 가지고 있습니다.

오해, 편견, 증오는 대부분 잘못 전달된 정보나 잘못된 언어의 사용에서 비롯됩니다. 잘못된 소통은 상처와 분쟁을 초래하며, 때로는 사회 전체에 큰 혼란을 가져올 수 있습니다.

언어를 사용할 때는 항상 주의해야 합니다. 우리의 말 한마디가 어떠한 파장을 일으킬지, 그것이 어떻게 받아들여질지를 항상 생각해야 합니다. 무엇보다, 진실과 사실에 기반한 언어의 사용은 우리 사회의 건강함과 안정을 위해 필수적입니다.

"마음의 연못에 떠 있는 오염된 말의 진흙 덩이들, 물결이 일면 진흙 덩이들이 번져 영혼의 물이 흐려져 갑니다. 바람의 속삭임을 따라, 맑은 언어의 강과 물길을 열면 영혼의 연못은 어느새 맑아져 있을 것입니다."

28. The way you think about yourself becomes the truth for you.
—motivational speaker Dr. Wayne Dyer—

품사 구분

The / Way / You / Think / About / Yourself / Becomes / The / Truth / For / You

한정사 / 명사 / 2인칭 대명사 / 동사 / 전치사 / 2인칭 재귀대명사 / 동사 / 한정사 / 명사 / 전치사 / 2인칭 대명사

문장 성분

The way you think about yourself/주어부, Becomes the truth for you/서술어부, The truth for you/목적어, For you/전치사구 수식어

문장 구조

이 문장은 주어+동사+목적어+보어(S+V+O+C) 구조를 가지는 평서형 단문(Declarative Type Simple Sentence)입니다.

주어부 "The way you think about yourself"에서 중심 명사구 "The way"의 상세한 설명을 위하여 관계대명사절 "You think about yourself"가 사용되었으며, "The way" 다음에 관계대명사 "That"이 생략되어 있는 문장입니다.

동사 "Becomes"는 "The truth"를 목적어로 취하는 타동사의 역할

을 하고 있으며, 주어 "The way"와 수, 시제의 일치(Agreement)를 위하여 원형동사 "Become"에 "-s"를 사용하였습니다.

의미 단위

The way / You think about yourself / Becomes the truth for you
방식 / 당신이 당신 자신에 대해 생각하는 / 당신의 진실이 된다

문장 감상

The way you think about yourself becomes the truth for you.
당신 자신에 대해 생각하는 방식대로 당신 자신에게 진실이 된다.

   전체 문장의 의미는 "The way you speak to yourself matters the most"가 포함하고 있는 교훈과 유사합니다.
   자신을 부정적으로 생각하면, 자신감을 잃고, 도전하는 것을 두려워하게 됩니다. 또한, 다른 사람들로부터 인정받기 위해 노력하는 대신, 자신을 숨기려고 노력하게 됩니다. 이러한 행동은 우리의 인생을 부정적으로 흘러가게 만들 수 있습니다.
   반대로, 자신을 긍정적으로 생각하면, 자신감을 얻고, 도전하는 것을 두려워하지 않게 됩니다. 또한, 다른 사람들로부터 인정받기 위해 노력하는 대신, 자신을 드러내려고 노력하게 됩니다. 이러한 행동은 우리의 인생을 긍정적으로 흘러가게 만들 수 있습니다.
   스스로에 대한 생각이 자신을 만드는 진실이 되므로, 마음을 긍정적인 생각으로 가득 채우는 노력을 게을리하지 말아야겠습니다.

29. The way you speak to yourself matters the most. -Anonymous-

품사 구분

The / Way / You / Speak / To / Yourself / Matters / The / Most
한정사 / 명사 / 2인칭 대명사 / 동사 / 전치사 / 재귀대명사 / 동사 / 한정사 / 부사

문장 성분

The way you speak to yourself/주어부, Matters the most/서술어부, The most/부사구 수식어부

문장 구조

이 문장은 주어+동사+수식어(S+V+M) 구조를 가지는 평서형 단문(Declarative Type Simple Sentence)입니다.

주어부 "The way speak to yourself"에서 중심이 되는 명사구 "The way"에 대한 상세한 설명을 하기 위하여 관계대명사절 구조를 사용하였습니다. "Speak to yourself" 앞에 관계대명사 "That"이 생략되어 있는 문장입니다.

서술어인 "Matters"는 자동사(Intransitive Verb)로서 목적어를 필요로 하지 않으며 문장을 완성합니다.

"The most"는 최상급(Superlative) 부사구로서 동사 "Matters"를 부사적으로 수식하고 있으며, 생략되어도 문장의 주요 의미에는 영향을 주지 않습니다.

의미 단위

The way / You speak to yourself / Matters the most

방식 / 당신 자신에게 하는 이야기 / 가장 중요하다

문장 감상

The way you speak to yourself matters the most.

당신이 당신 스스로에게 말하는 방식이 가장 중요하다.

　자기 대화는 우리가 일상적으로 경험하는 생각의 형태로, 우리의 행동, 태도, 기분, 그리고 자아 인식에 큰 영향을 미칩니다. 이 대화는 의식적이거나 무의식적일 수 있으며, 긍정적이거나 부정적일 수 있습니다.

　심리학에서는 자기 대화 방식이 자기 인식, 자존감, 그리고 우리가 스스로를 어떻게 보는지와 관련이 있다고 합니다. 자기 자신에게 칭찬이나 격려의 말을 자주 하는 사람은 보통 더 높은 자존감과 자기 만족도를 가지는 경향이 있습니다. 반면에 자기 자신을 비난하거나 부정적으로 평가하는 말을 자주 하는 사람은 스트레스, 우울증, 불안 등의 심리적 문제를 경험할 가능성이 더 높다고 합니다.

　부정적인 자기 대화는 자존감을 저하시키고, 자신에 대한 부정적인 자기 인식을 강화하는 경향이 있습니다. 우리가 스스로에게 어떻게 말하는지를 깊이 고민하고, 필요하다면 그 방식을 바꾸어 더 건강하고, 긍정적인 자기 대화를 나눌 수 있도록 노력해야 합니다.

"스스로에게 속삭이는 말은 보이지 않는 거울이며 내면의 세상을 비추는 반영입니다. 찬란한 햇빛이든, 어둠의 그림자든, 자신에게 어떻게 말하느냐가 바로 나의 세상을 만드는 빛입니다. 햇빛처럼 따뜻하게, 구름처럼 부드럽게, 나를 대하는 말이라면, 그 속에서 우리는 무한한 가능성의 향연을 발견합니다. 빛나는 희망의 별이 되어, 우리의 내면의 하늘을 수놓으며, 우리는 그 속에서 나아가고자 하는 방향을 발견하게 됩니다.

그러나, 그림자처럼 차갑고, 바위처럼 거칠게 우리를 대하는 말이라면, 그 속에서 우리는 어둠의 계곡을 헤매게 됩니다. 슬픔의 구름이 내 인생의 하늘을 덮게 되고, 나의 발걸음은 무거워져, 우리는 그 길을 잃어버리게 됩니다. 스스로에게 던지는 말, 그것은 곧 우리의 세계를 만들어 내는 행위입니다. 우리의 세계를 어떻게 만들어 갈 것인지, 그 선택은 우리에게 달려 있습니다. 우리에게 던지는 말 한마디, 그것이 우리의 세계를 만들어 가는 마법의 힘입니다."

30. Do not let the behavior of others destroy your inner peace. -Dalai Lama-

품사 구분

Do / Not / Let / The / Behavior / Of / Others / Destroy / Your / Inner / Peace

조동사 / 부정형 부사 / 사역동사 / 한정사 / 명사 / 전치사 / 대명사 / 동사 / 소유격 대명사 / 형용사 / 명사

문장 성분

주어부 생략, Do not let/사역동사 서술어부, The behavior of others/사역동사의 목적어부, Destroy/서술어, Your inner peace/목적어부

문장 구조

이 문장은 주어부가 생략된 "사역동사+사역동사 목적어+동사+목적어" 구조를 가지는 명령형 단문(Imperative Type Simple Sentence)입니다.

"Do not let"은 부정 명령문의 형태로 주어 "You"가 생략되어 있으며, "The behavior of others"는 명사구로서 "let"의 목적어부입니다. "Destroy your inner peace"는 명령문의 종속적 서술어 역할을 하고 있습니다.

"Let"은 영어에서 사역동사(causative verb)로 사용됩니다. 사역동

사는 다른 사람이나 물체가 어떤 행동을 하도록 하거나 그 행동을 허용하는 기능을 가지는 동사입니다. 이 문장에서 "let"의 구조는 "let+목적어+동사 원형"으로, 이는 "the behavior of others"가 "destroy your inner peace"라는 행동을 하도록 허용하지 말라는(부정형 부사 포함 의미) 뜻을 가집니다.

의미 단위

Do not let / The behavior of others / Destroy your inner peace
~하게 하지 마라 / 타인의 행동 / 당신의 마음의 평화를 파괴하다

문장 감상

Do not let the behavior of others destroy your inner peace.
타인의 행동이 당신의 내적 평화를 파괴하는 것을 허용하지 마라.

우리는 자주 외부 세계의 소음과 혼란, 타인의 기대와 판단에 휘둘리곤 합니다. 하지만 이 모든 것을 초월하는 우리 자신만의 힘이 있습니다. 그것은 바로 '내면의 평화'입니다. 이 평화는 우리의 마음 깊숙이 자리 잡고, 그것은 우리를 보호하고, 안내하며, 우리를 진정한 행복으로 인도합니다.

내면의 평화는 자신만의 보물입니다. 이것을 지키고 키우는 것은 오로지 자신에게 달려 있습니다. 희망을 가지고 미래를 향해 나아갈 때, 내면의 평화는 우리의 방패와 안내자가 됩니다. 이 평화를 잃지 않기 위해, 타인의 행동에 연연해하지 않는다면, 우리는 더욱 강하고 단단해질

수 있습니다. 그리고 그 힘으로, 우리는 모든 도전과 시련을 극복할 수 있습니다.

"바람이 불어도 우리의 정원은 흔들리지 않을 것입니다. 어떤 소음이 들리거나 강풍이 불어와도, 우리의 마음속 정원은 조용하고 평화로울 것입니다."

31. The only way to deal with an unchangeable situation is to change yourself.
-American author Ralph Waldo Emerson-

품사 구분

The / Only / Way / To deal / With / An / Unchangeable / Situation / Is / To change / Yourself

한정사 / 형용사 / 명사 / To부정동사 / 전치사 / 한정사 / 형용사 / 명사 / 연결동사 / To부정동사 / 2인칭 재귀대명사

문장 성분

The only way to deal with an unchangeable situation/주어부, To deal with an unchangeable situation/To부정동사 형용사적 용법, Is to change yourself/서술어부, To change yourself/To부정동사 형용사적 보어

문장 구조

이 문장은 주어+동사+보어(S+V+C) 구조를 가지는 평서형 단문입니다.

To부정동사구(To infinitive verb phrase) "To deal with an unchangeable situation"은 형용사적으로 사용되어 명사구 "The only way"에 대한 상세한 설명을 하고 있습니다.

To부정동사구(To infinitive verb phrase) "To change yourself"는 형용사적으로 사용된 보어로서 주어부에 대한 상세 설명을 하고 있습니다.

의미 단위

The only way / To deal with an unchangeable situation / Is to change yourself

유일한 길 / 바뀔 수 없는 상황을 다루기 위한 / 당신 자신을 바꾸는 것이다

문장 감상

The only way to deal with an unchangeable situation is to change yourself.

바뀔 수 없는 상황을 다루는 유일한 방법은 당신 자신을 바꾸는 것이다.

    상황을 바꿀 수 없을 때, 그 상황에 과도하게 집중하는 것은 한정된 에너지를 소모시키거나 불행을 가중시킬 뿐입니다. 바깥세상이 우리에게 상처를 주거나 우리의 계획을 망치더라도, 그것이 우리 자신을 어떻게 느끼게 만드는지는 우리가 선택할 수 있습니다.

    상처를 입었다고 해서, 그 상처에 지배되어야 하는 것은 아닙니다. 오히려 그 상처는 우리에게 중요한 교훈을 줄 수 있고, 우리를 더 강하고 지혜로운 사람으로 만들어 줄 기회가 될 수 있습니다.

    만약 지금 어려운 상황에 처해 있고, 그 상황이 무겁게 누르고 있는 것을 느끼고 있다면, 숨을 깊게 들이마시고, 어떻게 그 상황에 대응할 수 있을지 생각해 보세요. 상황을 바꿀 수 없다면, 자세를 바꾸어 보고, 관점을 바꾸어 행동해 보면 됩니다. 그리고 그것이 우리에게 어떤 변화를 가져다주는지 지켜보면 됩니다.

제2절 중문/重文/Compound Sentences

1. And still, I rise. -Maya Angelou-

품사 구분

And / Still / I / Rise

접속사 / 부사 / 1인칭 대명사 / 동사

문장 성분

And still/부사구, I/주어, Rise/서술어

문장 구조

이 문장은 첫 번째 단문 부사구 "And still"과 두 번째 단문 "I rise"가 쉼표/Comma ","로 연결된 중문(Compound Sentence)입니다.

쉼표(Comma)는 두 단어 또는 절을 연결하는 접속사 "And"를 대신하는 역할을 합니다. 이 문장에서 쉼표/Comma ","는 "And"가 생략된 것으로 볼 수 있으며, "쉼표/Comma"를 기준으로 앞뒤 문장은 독립적인 의미를 가지고 있습니다.

의미 단위

And still / I rise

그리고 여전히 / 나는 일어선다

문장 감상

And still, I rise.
그리고 여전히, 나는 일어선다.

이 문장은 Maya Angelou의 시 "Still I Rise"의 첫 번째 행입니다. 이 시에서 Angelou는 아프리카계 미국인들이 겪은 차별과 억압에 대해 이야기하며, 어려움을 극복하고 일어설 수 있다는 희망을 노래하고 있습니다.

"And Still, I Rise/그리고 여전히, 나는 일어선다"는 불굴의 불꽃처럼, 어두움 속에서도 희망의 빛을 발하는 문장입니다. 이 문장은 그저 문자와 공간을 넘어, 마음속 깊은 곳에서 울림을 주는 강력한 힘을 가지고 있습니다. 마치 지친 날개를 펴고 다시 하늘로 높이 날아오르려는 새와 같이, 우리에게 쓰러져도 다시 일어날 수 있다는 메시지를 주며, 무릎을 꿇을지언정 완전히 쓰러지지 않을 것이라는 담대한 자신감을 심어 줍니다.

고난과 역경은 잠시의 휴식일 뿐, 영원한 휴식이 아닙니다. 우리가 얼마나 깊이 상처를 받았는지가 아니라, 그 상처에서 어떻게 다시 일어나 더욱 강하게 돌아올 것인지가 중요합니다. "And still, I rise"는 우리의 삶, 우리의 이야기, 우리의 투쟁에 대한 무한한 가능성을 열어 주는 문장입니다.

2. Life is short, and it is here to be lived.
-Anonymous-

품사 구분

Life / Is / short / And / It / Is / here / To be / Lived
명사 / 연결동사 / 형용사 / 접속사 / 대명사 / 연결동사 / 부사 / 부정사동사 / 과거분사

문장 성분

Life/주어부, Is short/서술어부, Short/주격 보어, And/접속사, It/주어부, Is here to be lived/서술어부, To be lived/수식어/To부정사 부사적 용법

문장 구조

이 문장은 주어+동사+보어(S+V+C) 구조를 가지는 첫 번째 독립절 "Life is short"가 주어+동사+보어+수식어(S+V+C+M) 구조를 가지는 두 번째 독립절 "It is here to be lived"와 접속사 "And"로 연결된 평서형 중문(Declarative Type Compound Sentence)입니다.

두 번째 절에서 사용된 "To be lived"는 전치사 "To"와 수동태(Passive voice)인 Be+P.P(Past participle) "Be lived"가 조합된 전치사구(Prepositional phrase)로서 "Here"의 수식어(Modifier)로 사용되었습니다.

"Life is short, and it is here to be lived"라는 문장에서 정관사 "the"가 "Life" 앞에 사용되지 않은 이유는 문장에서 전달하려는 의미

의 강조를 위함입니다. 정관사 "the"를 사용하면 특정한 삶이나 특정한 상황을 가리키게 됩니다. 그러나 이 문장에서는 일반적인 삶에 대한 철학이나 원칙을 전달하려고 합니다.

"Life" 앞에 정관사 "the"를 사용하지 않음으로써, 문장은 보다 일반적이고 철학적인 의미를 갖게 됩니다. 이 문장은 모든 사람의 삶에 대해 말하고 있으며, 인생이 짧기 때문에 적극적으로 살아가야 함을 강조하고 있습니다. 정관사를 생략함으로써 문장은 보다 강력한 메시지를 전달하며, 일반적인 상황이나 경험에 대한 생각을 공유할 수 있습니다.

의미 단위

Life is short / And it is here / To be lived
삶은 짧다 / 그리고 그것은 여기에 있다 / 살아지기 위해

문장 감상

Life is short, and it is here to be lived.
삶은 짧다, 그리고 그것을 살아가기 위해 여기 있다.

고민과 걱정 속에서, 우리는 종종 진정한 삶의 의미를 잊어버리곤 합니다.

삶은 짧습니다. 그 짧은 시간 동안 우리는 기회, 경험, 사랑, 그리고 꿈을 추구해야 합니다. 우리의 존재는 단순히 지나가는 것이 아닙니다. 삶은 우리에게 주어진 가장 소중한 선물이며, 그 선물을 최대한으로 활용하는 것이 우리의 책임입니다.

때로 우리는 두려움에 마비되거나, 실패나 걱정 때문에 앞으로 나아가는 것을 망설이곤 합니다. 하지만 그러한 두려움과 고민들은 삶을 온전하게 살아가는 데 있어서는 작은 장애물일 뿐입니다.

매일 아침, 일어나서 나의 하루가 얼마나 소중한지를 상기하며, 그날을 마치 마지막 날처럼, 최선을 다해 살아가야겠습니다.

"삶은 물결 같은 순간들의 연속, 하나씩 지나가면서 우리의 여정을 이루고 있습니다. 작고 빠른 새처럼 날아가는 인생, 넓고 푸른 하늘을 향해 날려 버려도 좋습니다. 시간은 빠르게, 그러나 삶은 더 빠르게 지나가고 있습니다. 참된 삶이란 당당히 살아가는 것입니다. 가장 멋진 모습으로 삶을 빛내며, 오직 자신만의 인생을 살아가야 합니다. 삶은 짧아도, 그 안에서 아름다운 추억을 만들어 내면 그만입니다. 하나의 삶, 그리고 하나의 꿈, 넓고 푸른 하늘을 향해 펼쳐 보이며 걸어가면 됩니다."

3. A quitter never wins and a winner never quits. -Napoleon Hill-

품사 구분

A / Quitter / Never / Wins / And / A / Winner / Never / Quits
한정사 / 명사 / 부사 / 동사 / 접속사 / 한정사 / 명사 / 부사 / 동사

문장 성분

A quitter/주어부, Never wins/서술어부, And A winner/주어부, Never quits/서술어부

문장 구조

이 문장은 주어+동사(S+V) 구조를 가지는 두 개의 독립절이 접속사 "And"로 연결된 평서형 중문(Declarative type compound sentence)입니다.

주어-동사 일치(Subject-verb agreement)를 위하여 첫 번째 절 현재동사 "Win"의 3인칭 단수형 "Wins"가 사용되었고, 두 번째 절 현재동사 "quit"의 3인칭 단수형 "Quits"가 사용되었습니다.

명사에 대한 한정사로 부정관사/不定冠詞/Indefinite Article "A"가 사용되었습니다. 부정관사 'a'는 범용적인 개념을 의미하는 데 사용됩니다. 'a quitter'와 'a winner'는 특정한 개인을 가리키는 것이 아니라, '포기하는 사람'과 '이기는 사람'이라는 일반적인 범주 혹은 그룹을 의미합니다. 이 문장에서 부정관사 'a'를 사용함으로써, 모든 '포기하는

사람'이 결코 이기지 않으며, 모든 '이기는 사람'이 결코 포기하지 않는다는 일반적인 원칙을 강조하고 있습니다.

한국인에게는 생소한 개념인 "관사/冠詞/Article"의 사용에 대해 예문을 통한 주의 깊은 관찰과 의미 비교 학습이 필요합니다.

의미 단위

A quitter / Never wins / And a winner / Never quits
중도 포기자 / 절대 승리 못 한다 / 그리고 승리자는 / 절대 포기하지 않는다

문장 감상

A quitter never wins and a winner never quits.
중도 포기자는 결코 승리하지 못하고, 승리하는 자는 결코 중도에 포기하지 않는다.

목표를 이루어 가는 과정이 우리를 힘들게 할 때 포기할 수도, 아니면 목표를 향해 계속 나아갈 수도 있습니다. 그러나, 선택은 우리가 승리하게 될지, 아니면 실패하게 될지를 결정합니다.

우리가 마주한 어려움 앞에 포기하게 되면, 그 문제를 극복하거나 목표를 달성하는 기회를 완전히 잃게 됩니다. 반면, 우리가 어려움을 겪을 때마다 그것을 극복하려는 노력을 계속하면, 결국은 우리의 목표를 달성하게 됩니다.

실패를 겪었을 때, 어떤 사람들은 그것을 자신의 능력 한계로 보고 개선의 노력도 없이 포기해 버리고 맙니다. 하지만, 어떤 사람들은 실패를 일시적인 장애물로 보고 경험으로 받아들여 이를 통해 무엇이 잘못되었

는지 어떻게 개선할 수 있을지를 배웁니다.

'이기는 사람'은 자신의 능력을 믿고, 그 능력을 통해 목표를 달성할 수 있다는 확신을 가지고 있습니다. 이것은 '자기 효능감'이라고 합니다. 자기 효능감은 개인이 특정 상황에서 필요한 행동을 성공적으로 수행할 수 있을 것이라는 믿음을 의미합니다. 이기는 사람은 고난과 어려움을 극복하고, 목표를 이루기 위해 필요한 행동을 계속해서 수행할 수 있을 것이라는 확신과 믿음을 가지고 있습니다. 이런 사람들은 실패를 겪더라도, 그것이 자신의 능력에 대한 반증이 아니라고 믿습니다. 이기는 사람은 계속해서 노력하고, 필요한 경우 전략을 조정합니다.

자기 효능감(Self-efficacy)은 자신이 실제로 목표를 달성하거나 성공한 작은 경험, 독서 등을 통한 성공한 사람들에 대한 간접 체험, 주위 사람들의 응원이나 동기부여, 어려운 상황에 대한 두려움이나 스트레스가 느껴질 때 "나는 이 일을 할 수 없다"는 증거로 해석하는 대신, "나는 이 일에 집중하고 있다" 또는 "나는 이 일을 중요하게 느끼고 있다"는 신호로 받아들이는 생리적, 감정적 상태의 긍정적 해석, 구체적이고 도전적인 목표의 설정과 계획의 실행 등으로 향상될 수 있습니다. 자기 효능감을 키워 더 큰 목표에 도전하고, 효과적으로 스트레스와 어려움에 대처하면 잠깐 쉬어 가더라도 멈추지 않고 목표 지점에 닿을 수 있을 것입니다.

4. Ever tried. Ever failed. No matter. Try again. Fail again. Fail better.
-Samuel Becket-

품사 구분

Ever / Tried / Ever / Failed / No / Matter / Try / Again / Fail / Again / Fail / Better

부사 / 동사 / 부사 / 동사 / 부정형 부사 / 동사 / 동사 / 부사 / 동사 / 부사 / 동사 / 부사

문장 성분

Ever tried/서술어부, Ever failed/서술어부, No matter/서술어부, Try again/서술어부, Fail again/서술어부, Fail better/서술어부

문장 구조

이 문장들은 마침표(Full period) "."로 구분되는 단문들의 의미가 결합되어 복합 의미를 전달하는 중문(Compound Sentence) 형식이지만, 문법적으로 완전한 문장이라고 볼 수는 없습니다. 각 문장은 주어가 표시되어 있지 않고, 간결하게 핵심 내용만 전달하고 있습니다. 이러한 구조는 강조하고 싶은 메시지를 더욱 강하게 전달하기 위해 사용되며, 시나 문학적 표현에서 자주 찾아볼 수 있습니다.

"Ever tried. Ever failed" 문장은 'Ever'라는 부사를 사용하여 시도하거나 실패한 경험이 '언제' 있었는지를 묻는 의문문입니다. 주어가 생

략되어 있지만, 이런 구조를 통해 강한 강조 효과를 내고 있습니다.

"No matter" 문장은 동사 "Matter" 앞에 부사 'No'를 사용하여 그 어떤 상황도(시도하거나 실패하는 등) 중요하지 않다는 의미를 강조하고 있습니다.

"Try again. Fail again. Fail better" 문장은 명령문의 형식을 사용하여 다시 시도하고, 다시 실패하며, 더 나은 실패를 해 보도록 강조하고 있습니다.

의미 단위

Ever tried / Ever failed / No matter / Try again / Fail gain / Fail better

시도해 보았나? / 실패해 보았나? / 중요하지 않아 / 다시 시도해 봐 / 다시 실패해 봐 / 더 나은 실패를 해 봐

문장 감상

Ever tried. Ever failed. No matter. Try again. Fail again. Fail better.

시도는 해 보았는가? 실패는 해 보았는가? 그것이 중요하지는 않다. 다시 시도하고. 다시 실패하고. 더 나은 실패를 해 보아라.

시도해 본 적이 있는가? 실패해 본 적이 있는가? 관계없다. 다시 도전하고. 다시 실패하고. 좀 더 나은 방향으로 실패해 보아라.

우리 모두는 각자의 삶에서 수많은 시도와 실패를 겪으며 여기까지 왔습니다. 한 번, 두 번 실패했다고 해서 그것이 전부가 아니라는 것을

기억해야 합니다. 중요한 것은 이러한 경험이 우리에게 어떤 변화를 가져다주었느냐는 것입니다. 실패는 우리의 약점이 아니라, 오히려 힘이 될 수 있습니다.

실패는 우리에게 무엇인가를 배울 수 있는 기회를 제공하며, 실패를 통해 우리는 더 강하고, 더 지혜롭고, 더 능력 있는 사람으로 성장하게 됩니다. 실패한다 해도 두려워할 필요는 없습니다. 그 실패가 우리를 더 높이 끌어올릴 발판이 될 것이기 때문입니다. 실패를 통해 우리는 자신의 한계를 뛰어넘게 되며, 그 과정에서 더 높이 나아갈 수 있는 힘을 얻게 됩니다.

우리 모두는 아무리 실패하더라도 다시 일어날 수 있는 무한한 능력을 가지고 있습니다. 그리고 그 능력은 우리를 더 높이, 더 멀리 데려갈 수 있습니다. 두려워하지 말고, 다시 시도하고, 다시 실패하며, 더 나은 실패를 통해 우리는 더 큰 성공을 이룰 것입니다.

5. Change the game, don't let the game change you. -Macklemore-

품사 구분

Change / The / Game / Do / Not / Let / The / Game / Change / You

동사 / 한정사/ 명사 / 조동사 / 부정형 부사 / 사역동사 / 한정사 / 명사 / 동사 / 2인칭 대명사

문장 성분

Change/서술어, The game/목적어, Don't let/서술어, The game/목적격 주어, Change/서술어, You/목적어

문장 구조

이 문장은 두 개의 독립 명령어 절이 쉼표(Comma)로 연결된, 명령형 중문(Imperative Type Compound Sentence)이라고 볼 수 있으며, 첫 번째 명령어 절의 의미가 두 번째 명령어 절과 의미의 인과관계를 이루고 있으므로, 의미상 복문(Complex Sentence)이라고 볼 수도 있습니다. 복문의 형식적 조건은, 종속 접속사가 이끄는 절이 포함되어 있어야 하나, 실제 문장에서는 의미상 단문들의 조합은 복잡한 의미 관계로 엮여 있는 경우가 많습니다. 단문들이 여러 개 모여 새로운 의미의 전개를 이루는 경우에는 문장 형태를 엄격하게 구분하기보다는, 의미 전개와 의식의 흐름에 주의하며 문장을 감상하는 것이 바람직한 학습 방법입니다.

의미 단위

Change the game / Don't let the game / Change you

게임을 바꾸어라 / 게임이 ~하게 하지 말고 / 당신을 바꾸게

문장 감상

Change the game, don't let the game change you.

게임을 바꾸어라, 게임이 당신을 바꾸게 하지 말고.

우리 모두는 인생이라는 '게임' 속에서 매일매일 다양한 도전과 기회, 그리고 선택의 순간들을 마주하고 있습니다. 인생은 예측할 수 없는 여러 변화와 도전으로 가득합니다. 우리에게는 그런 변화와 도전을 받아들이고, 더 나은 미래를 향해 나아가는 능력이 있습니다. 불행하게도, 많은 사람들이 그 '게임' 앞에서 스스로를 잃기도 합니다.

우리의 인생, 우리의 선택, 우리의 미래는 주어진 것이 아닙니다. 그것은 우리 자신이 만들어 나가는 것입니다. 우리는 꿈, 열정, 그리고 믿음을 가지고 세상에 변화를 가져올 수 있는 힘을 가지고 있습니다. 단순히 세상에 순응하는 존재가 아니라, 세상을 바꿀 수 있는 변화의 주체임을 깨닫고 용기를 내어 한 번에 하나씩 주위를 바꾸어 나가면 됩니다. 그러면 어느 순간 과거와는 다른 세상 속에 있는 자신을 발견할 것입니다.

6. Your future needs you, your past doesn't.
-Anonymous-

품사 구분

Your / Future / Needs / You / Your / Past / Doesn't / Does / Not
한정사 / 명사 / 동사 / 2인칭 대명사 / 한정사 / 명사 / Does+Not의 축약형 / 3인칭 조동사 / 부정형 부사

문장 성분

Your future/주어부, Needs you/서술어부, Needs/서술어, You /목적어, Your past/주어부, Doesn't/서술어부

문장 구조

이 문장은 첫 번째 독립절 "Your future needs you"의 주어+동사+목적어(S+V+O) 구조를 가지는 단문과 두 번째 독립절 "Your past doesn't"의 주어+부정형 동사(S+V) 구조를 가지는 단문이 각각 콤마(,)로 구분되어 이루어진 중문(Compound Sentence)입니다. 두 번째 독립절에서 "doesn't"는 동사(verb)의 부정형으로, 주어인 'your past'의 행동이나 상태를 나타내며 'need'라는 원형 동사가 생략된 부정형 문장입니다. 목적어는 명시적으로 주어지지 않았지만, 첫 번째 절에서 'you'가 목적어로 사용되었기 때문에, 동일한 목적어가 이 절에서도 묵시적으로 적용되는 것으로 이해할 수 있습니다. 첫번째 절에서 3인칭 단수 주어인 Your future와 동사의 일치를 위하여 "need"의 3인

칭 단수 동사인 "needs"를 사용하였습니다.

의미 단위

Your future / needs you / Your past / Doesn't
당신의 미래는 / 당신을 필요로 하다 / 당신의 과거는 / ~하지 않는다

문장 감상

Your future needs you, your past doesn't.
당신의 미래는 당신을 필요로 하고 있지만, 당신의 과거는 그렇지 않다.

과거는 이미 지나가 버린 시간이기 때문에 우리가 바꿀 수 있는 것은 아무것도 없습니다. 과거의 잘못된 선택이나 행동에 후회가 남더라도 과거를 통하여 배우고 성장하며 앞으로 나아가면 그만입니다.

과거의 경험은 우리의 기억과 학습에 중요한 역할을 합니다. 과거의 경험은 우리의 현재에 대한 인식과 행동을 안내하고, 미래의 결정에 영향을 미치는 중요한 사실인 것만은 분명합니다. 하지만, 우리가 사용할 수 있는 시간과 에너지는 한정되어 있어 과거에 벌어져 버린 사실을 후회하는 데 너무 많은 시간과 에너지를 소비하는 것은 현재의 행동과 미래의 계획에 방해만 주는 무의미한 행동이라는 사실을 깨달아야 합니다.

과거에 얽매이지 말고, 지난 경험으로부터 배우며, 현재와 미래에 집중하는 실천이 중요합니다. 미래에 대한 통제력과 과거 경험으로부터의 학습은 보이지 않게 서로 연결되어 현재의 행동과 미래의 계획에 영향을 미침으로, 과거의 모든 경험을 자신을 발전시키기 위한 긍정적인 관점으로 바라볼 필요가 있습니다.

미래는 우리 자신의 행동, 선택, 노력에 의해 결정되므로 스스로가 미래를 만들어 나갈 수 있다는 믿음을 가져야 합니다. 미래는 개인의 적극적인 참여와 노력 없이는 이루어질 수 없습니다. 과거는 바꿀 수 없지만, 미래는 바꿀 수 있습니다. 미래가 우리를 기다리고 있습니다. 오늘부터, 지금 이 순간부터 미래를 향하여 나아가면 됩니다.

"바람이 당신의 돛을 채우기 위해 기다리고 있으니, 미래의 항해를 위해 키를 잡으세요. 당신의 용기와 희망은 새벽의 빛처럼, 미래의 바다 위로 찬란하게 비칠 것입니다. 과거의 폭풍은 당신을 고통스럽게 했지만, 그것은 이제 하늘에 걸린 구름일 뿐이며, 당신이 겪은 고통은 이미 물결에 씻겨, 흘러가는 모래알처럼 사라져 버렸습니다."

7. Do not regret the past, just learn from it.
-Anonymous-

품사 구분

Do / Not / Regret / The / Past / Just / Learn / From / It
조동사 / 부정형 부사 / 동사 / 한정사 / 명사 / 부사 / 동사/ 전치사 / 대명사

문장 성분

Do not regret the past/서술어부, Regret/서술어, The past/목적어, Just learn from it/서술어부, Learn/서술어, From it/전치사구 목적어

문장 구조

이 문장은 동사+목적어(V+O) 구조를 가지는 두 개의 독립절이 쉼표(Comma) ","로 연결된 명령형 중문(Imperative type compound sentence)입니다.

부정형 명령문인 첫 번째 절 "Do not regret the past"는 주어가 생략된 동사+목적어 구조를 가지고 있습니다. 긍정형 명령문인 두 번째 절 "Just learn from it"에서도 주어가 생략된 동사+목적어 구조를 가지고 있으며, 대명사 "It"은 선행절의 "The past"를 의미합니다.

의미 단위

Do not regret / The past / Just learn / From it
후회하지 마라 / 과거를 / 단지 배워라 / 그것(과거)으로부터

문장 감상

Do not regret the past, just learn from it.

과거를 후회하지 마라, 단지 그것에서 배움을 얻어라.

   우리의 인생은 기억과 경험, 그리고 그것들로부터 얻은 교훈으로 가득 차 있습니다. 각각의 순간들은 우리가 누구인지, 어디로 가고 있는지를 결정하는 중요한 퍼즐 조각이 됩니다. 인생에서 실패는 불가피하며, 때로는 아픔을 동반하기도 합니다. 그러나 그 실패와 아픔은 우리가 더 강한 사람이 되도록 도와줍니다. 이런 경험들은 우리가 앞으로 나아가는 길을 밝혀 줍니다.

   과거의 실수를 후회하는 것은 우리의 에너지를 소모하고, 앞으로 나아가는 데 필요한 힘을 약화시킵니다. 대신, 우리는 과거의 경험에서 배움을 얻어야 합니다. 그것은 우리가 새로운 도전을 하고, 더 나은 결정을 내리며, 우리의 목표를 이루는 데 도움이 될 것입니다. 우리의 과거는 우리를 정의하지 않습니다. 그것은 단지 우리가 어디서 왔는지를 보여 줄 뿐입니다. 우리의 미래는 우리 자신이 결정합니다. 그리고 그 결정은 우리가 과거의 경험에서 얻은 교훈에 기반하여 이루어집니다.

   각자의 삶 속에서 여러 실패와 트라우마를 겪었을 수도 있습니다. 그러나 우리는 과거에 머무르지 않고, 과거의 경험을 통해 배우고 성장하는 능력을 가지고 있습니다. 그것이 바로 우리의 힘이며, 각자가 가지고 있는 희망의 잠재력입니다.

8. Remain focused, your time is coming.
-Anonymous-

품사 구분

Remain / Focused / Your / Time / Is / coming
동사 / 형용사 / 한정사 / 명사 / 연결동사 / 현재분사

문장 성분

Remain focused/서술어부, Remain/서술어, Focused/보어, Your time/주어부, Is coming/서술어부, Coming/보어

문장 구조

이 문장은 첫 번째 독립절 "Remain focused"의 동사-보어(V+C) 구조를 가지는 단문과 두 번째 독립절 "Your time is coming"의 주어+연결동사+보어(S+LV+C) 구조를 가지는 단문이 각각 콤마(,)로 구분되어 결합된 중문(Compound Sentence)입니다.

첫 번째 문장 "Remain focused"는 "Remain"이 동사로, "Focused"가 보어로 사용된 주어 생략형 명령문입니다. "Remain"은 연결동사(Linking Verb)로 주어에 대한 설명이나 상태를 나타내는 보어가 필요합니다. "focused"는 "you"의 상태를 설명하는 형용사 역할을 하며 보어로 사용되었습니다.

두 번째 문장 "Your time is coming"에서 'Your'는 소유격 대명사로, "time"을 수식하고 있습니다. "Is"라는 연결동사 후에는 주

어 "your time"의 상태나 성질을 나타내는 보어가 오는데, 여기서는 "coming"이 그 역할을 합니다. "coming"은 현재분사로, 미래의 어떤 사건이 발생하고 있다는 상황을 설명하고 있습니다.

"Remain Focused"라는 문장에서 "Focused"는 주어("you"로 이해됨)가 유지해야 하는 상태나 조건을 설명하기 때문에 부사가 아닌 형용사 역할을 하고 있습니다. "remain"이라는 단어는 "be"(is, am, are), "become", "seem" 등과 유사한 연결동사(Linking Verb)입니다. 연결동사는 동작을 설명하는 것이 아니라 문장의 주제를 해당 주제에 연결시키는 역할을 합니다. 연결동사 뒤에는 일반적으로 주어를 설명하기 위해 형용사(부사가 아님)를 사용합니다. "Remain focus"라는 문장에서 "focused"는 "당신"이 머물러야 할 상태를 설명하는 형용사입니다. "focused"가 "머물다"를 수식하는 부사라면 다음과 같이 -ly로 끝나야 합니다. (예: "closely" 또는 "quickly") 그러나 "focusedly"는 표준 영어 단어가 아니며 "focused"는 일반적으로 형용사로 사용되고 있습니다.

의미 단위

Remain focused / Your time / Is coming
집중하고 있어라 / 당신의 시간이 / 오고 있다

문장 감상

Remain focused, your time is coming.
집중을 유지하라, 당신이 시간이 오고 있다.
집중하고 있어라, 당신의 시간이 오고 있다.

우리가 사는 세상은 빠르게 변화하고 있습니다. 그 가운데에 있는 우리는 때때로 불안하고 혼란스러울 수 있습니다. 우리는 이 변화의 속도에 맞추려고 애쓰면서도 자주 우리의 목표를 잃어버리곤 합니다.

우리가 원하는 것을 이루기 위해서는 집중력을 유지하는 것이 중요합니다. 분산된 관심은 우리가 목표를 이루는 데 방해가 될 수 있습니다. 우리의 에너지와 주의를 우리의 목표에 집중하도록 유지하는 것이 필요합니다. 우리가 무언가를 위해 노력하는 과정 중에 있다면 우리가 바라는 성공이나 목표로 하는 결과는 서서히 보이지 않게 이루어지고 있는 것입니다. 성공에 이르는 길은 때때로 험난하고 힘들 수 있습니다. 하지만 그 목표를 향해 가기 위해선 계속해서 그 방향으로 나아가야 합니다. 집중력이 그 목표를 향한 단단한 다리를 만들어 줄 것입니다.

각자가 목표를 꿈꾸는 그 순간, 그 목표는 이미 우리의 내면 깊숙한 곳에 존재하기 시작합니다. 이를 꺼내기 위해 필요한 것은 우리의 집중력입니다. 너무 많은 것에 집중하는 것이 아니라, 가장 중요한 목표에만 집중해야 합니다.

성공은 순식간에 오지 않습니다. 그것은 시간과 인내가 필요합니다. 지금 당장 결과를 보지 못한다고 해서 절망하지 말아야 합니다. 어두운 터널의 끝에 반드시 빛이 있습니다. 목표에 집중하고, 그것을 향해 끊임없이 전진하다 보면, 우리의 시간이 반드시 올 것입니다. 그때는, 모든 노력과 헌신이 보상받는 순간이 될 것입니다.

우리가 원하는 것을 달성하는 데는 시간이 필요합니다. 소중한 것들, 진정으로 가치 있는 것들을 이루는 데는 시간이 필요합니다. 때로는 장애물과 실패가 우리를 좌절시킬 수 있지만, 그 순간에도 우리들의 시간은 우리를 기다리고 있다는 사실을 명심해야 합니다. 우리 시간이 오기까지 인내심을 가지고 기다리는 것이 중요합니다. 간절히 원하는 그 순간은 언제나 그것을 찾는 자에게 옵니다.

"집중이라는 등불로, 꿈의 길을 밝히고 있으면, 우리의 꿈은 피어나는 꽃처럼 향기를 머금고 다가올 것입니다."

9. Don't complain. Rebuild yourself.
-Anonymous-

품사 구분

Don't / Complain / Rebuild / Yourself
부정형 부사 / 동사 / 동사 / 2인칭 재귀대명사

문장 성분

Don't complain/부정 명령형 서술어부, Rebuild/서술어, Yourself/목적어

문장 구조

이 문장은 주어가 생략된 동사+목적어(V+O) 구조의 명령문(Imperative sentence) 2개가 독립적으로 결합된 중문(Compound Sentence)이라고 볼 수 있습니다. 의미가 다른 각각의 독립절이 결합하여 복합적인 하나의 의미를 전달하기 때문입니다.

첫 번째 문장인 'Don't complain'은 명령문 형태의 단문으로, 부정 양태가 사용되어 있습니다. 'Don't'는 부정형을 만드는 데 사용되며, 'do not'의 축약형입니다. 'complain'은 기본형 동사로, 이 문장의 주요 행위를 나타냅니다. 'complain'은 주어 없이 사용되어 권고, 요구, 조언 등을 나타내고 있습니다.

두 번째 문장 "Rebuild yourself"도 명령문 형태의 단문으로, 동사는 "Rebuild", 목적어는 "Yourself"가 사용되었습니다.

의미 단위

Don't complain / Rebuild yourself

불평하지 마라 / 너 자신을 다시 만들어라

문장 감상

Don't complain. Rebuild yourself.

불평하지 마라. 너 자신을 새로 만들어라.

불평하지 말고, 스스로를 재건하라.

불평은 우리의 스트레스와 고통을 표현하는 한 가지 방법일 수 있지만, 우리의 상황을 개선시키거나 우리를 더 행복하게 만들지는 않습니다. 사실, 불평은 우리가 정말로 필요로 하는 변화를 가져오는 데 방해만 줄 뿐입니다.

어떤 상황에 대한 불평보다 더 중요한 것은 어떻게 그 상황을 변화시킬 것인지, 어떻게 우리 자신을 성장시킬 것인지에 대한 개선의 노력입니다. 이것이 바로 우리가 직면한 어려움을 극복하기 위한 현명한 방법입니다.

세상에는 통제할 수 없는 것들이 너무 많습니다. 하지만, 우리 자신을 어떻게 만들 것인지는 통제할 수 있습니다. 불평하는 대신 자신의 삶을 새롭게 만들어 나가는 데 집중하면 됩니다. 이것이 바로 우리가 해야 할 일입니다.

10. Find what you love and let it kill you.
   -Charles Bukowski-

품사 구분

Find / What / You / Love / And / Let / It / Kill / You
동사 / 관계대명사 / 2인칭 대명사 / 동사 / 접속사 / 사역동사 / 대명사 / 동사 / 2인칭 대명사

문장 성분

Find/서술어, What you love/목적어, And let it/주어부, Kill/서술어, You/목적어

문장 구조

이 문장은 두 개의 독립절이 접속사 "And"로 연결된 명령형 중문(Imperative type compound sentence)이며, 명령형 문장임으로 주어가 생략되었습니다.

첫 번째 독립절의 서술어인 "Find"는 관계대명사 명사절인 "What you love"를 목적어로 취하고 있으며, 두 번째 독립절에서는 사역동사 "Let"이 가주어 "It"을 목적어로 취하며 동시에 "It"이 주어로 사용되어 동사 원형 "Kill"을 서술어로, "You"를 목적어로 사용하고 있습니다.

의미 단위

Find / What you love / And let it / Kill you
찾아라 / 당신이 사랑하는 것을 / 그리고 그것이 ~하게 하라 / 당신을 죽이게

문장 감상

Find what you love and let it kill you.

당신이 사랑하는 것을 찾고 그것이 당신을 죽이게 하라.

당신이 사랑하는 것을 찾아라 그리고 그것이 당신을 죽일 수 있게 내버려둬라.

우리 모두에게는 삶에서 진정으로 사랑하는 것이 있습니다. 그것이 무엇인지 찾아내는 것이 우리 삶의 중요한 목표 중 하나여야 합니다. 사랑하는 것에 몰입하며, 그것을 통해 자신을 표현하고, 만족감을 느끼면, 결국 그것은 우리에게 행복을 가져다줄 것입니다.

그것이 당신이 진정으로 사랑하는 것이라면, 그것에 당신의 시간과 에너지를 투자하는 것은 절대로 낭비가 아닙니다. 사랑하는 것을 찾아, 헌신하며, 그것을 통해 당신 자신을 빛나게 하십시오. 그것이 바로 우리의 삶을 더욱 의미 있고 풍요롭게 만들어 주는 길이기 때문입니다.

11. Judge no one, Just improve yourself.
-Anonymous-

품사 구분

Judge / No / One / Just / Improve / Yourself
동사 / 부정형 한정사 / 대명사 / 부사 / 동사 / 2인칭 재귀대명사

문장 성분

Judge no one/명령형 서술어부, Judge/술어, No one/목적어, Just improve yourself/명령형 서술어부, Just improve/술어, Yourself/목적어

문장 구조

이 문장은 동사+목적어(V+O)의 기본 구조를 가지는 두 개의 독립절이 쉼표(Comma)로 연결된 명령형 중문(Imperative type compound sentence)입니다.

두 번째 절 "Just improve yourself"는 부사+동사+목적어(Adv+V+O) 구조를 가지며 부사 "Just"는 서술어 "Improve"의 의미를 강조하고 있으나 생략이 가능합니다.

의미 단위

Judge no one / Just improve yourself
누구도 판단하지 말라 / 단지 자신을 향상시켜라

문장 감상

Judge no one, Just improve yourself.
누구도 판단하지 말고, 단지 당신 자신을 성장시켜라.

   우리의 삶은 끊임없는 여정입니다. 그 여정에서 우리는 많은 사람들을 만나게 됩니다. 각자의 배경, 이야기, 그리고 꿈을 가지고 있는 사람들이죠. 때로는 그들의 행동이나 선택을 이해하지 못할 때가 있습니다. 그러한 순간, 우리는 상대방에 대한 판단의 유혹에 빠지기 쉽습니다.

   하지만, 우리의 진정한 성장은 타인을 판단하는 것에서 오는 것이 아니라, 스스로의 무한한 가능성을 탐색하고 발전시키는 것에서 나온다는 것을 기억해야 합니다. 타인의 이야기를 듣고 이해하는 것, 그리고 그 경험을 통해 나 자신을 더 나아지게 만드는 것, 그것이 바로 우리가 추구해야 할 진정한 희망입니다.

   우리의 삶은 한정되어 있습니다. 그 시간을 다른 사람을 비판하는 데 쓰는 것보다 스스로의 성장과 발전에 집중하는 것이 훨씬 더 가치 있음을 기억하고 오늘부터 스스로의 가치를 높이기 위한 노력을 시작해야겠습니다.

12. Control your thoughts or your thoughts will control you. -Anonymous-

품사 구분

Control / Your / Thoughts / Or / Your / Thoughts / Will / Control / You

동사 / 소유격 대명사·한정사 / 복수명사 / 접속사 / 소유격 대명사·한정사 / 복수명사 / 조동사 / 동사 / 2인칭 대명사

문장 성분

Control your thoughts/서술어부, Your thoughts/목적어부, Or your thoughts/주어부, Will control you/서술어부, You/목적어

문장 구조

이 문장은 두 개의 독립절이 접속사 "Or"로 연결된 병렬 구조(Parallel)의 명령형 중문(Imperative Type Compound Sentence)입니다.

첫 번째 절인 "Control your thoughts"는 명령문입니다. 주어 'you'가 생략되어 있고, "control"이라는 동사가 주요 행위를 나타냅니다. "Your thoughts"는 "Control"의 목적어로서, "control"이라는 행위가 무엇을 조절하고자 하는지를 설명합니다.

두 번째 절인 "your thoughts will control you"는 미래 시제의 평서문입니다. "Your thoughts"가 주어로, "will control"이라는 동사

구가 주요 행위를 나타냅니다. 그리고 "you"는 이 동사의 목적어로, 무엇이 조절되는지를 나타냅니다.

"Will"은 이 문장에서 미래를 나타내는 법조동사(modal auxiliary verb)로 사용되었습니다. 조동사는 주요 동사 앞에 위치하여 그 동사의 의미나 시제를 변경하는 역할을 합니다. 조동사 "Will"은 주로 미래를 나타내는 데 사용되며, 여기서는 "Thoughts will control you"라는 문장에서 "Control"이라는 동사의 미래형을 만들어 화자의 태도를 나타내고 있습니다.

"Thoughts"는 일반적으로 '생각'이라는 개념을 단수형 "thought"로 표현할 수 있지만, 이 문장에서 "thoughts"는 '생각들'이라는 의미로 사용되어 다양한 생각이나 여러 종류의 생각을 포괄적으로 나타냅니다. "Control your thoughts or your thoughts will control you"라는 문장에서 "thoughts"를 복수형으로 사용한 이유는, 우리가 가지고 있는 모든 생각이나 감정, 아이디어, 의견 등을 가리키려는 의도 때문입니다. 이는 단순히 하나의 특정한 생각을 통제하는 것이 아니라, 우리가 가지고 있는 다양하고 복잡한 생각들 전체를 통제하거나 관리해야 한다는 메시지를 전달하려는 것입니다.

의미 단위

Control your thoughts / Or your thoughts / Will control you
당신의 생각을 조정하라 / 그렇지 않으면 당신의 생각이 / 당신을 조정할 것이다

문장 감상

Control your thoughts or your thoughts will control you.
당신의 생각을 통제하라, 그렇지 않으면 당신의 생각이 당신을 통제할 것이다.

우리 머릿속에서는 지금도 수많은 생각들이 지나가고 있습니다. 이런 생각들은 일상의 선택, 행동, 그리고 우리의 미래에 큰 영향을 미치고 있습니다. 생각을 통제하지 않으면, 결국 그 생각에 의해 우리의 삶이 결정될 수 있습니다. 중요한 것은, 우리는 그 생각들에 의해 휘둘릴 필요가 없으며, 우리 안에 그 생각들을 주도하고 조절하는 힘이 있다는 믿음을 가지는 것입니다.

때로는 바쁜 일상에 치이며 스스로를 잊곤 합니다. 그러나 우리 모두는 마음속 깊은 곳에 희망의 불씨를 가지고 있습니다. 그것은 우리의 생각을 제어하고, 그것으로부터 에너지와 희망을 찾는 힘입니다. 그 힘을 바르게 이용한다면, 무한한 가능성을 향한 길이 우리 앞에 열릴 것입니다.

"생각의 풍선이 하늘로 올라가고 있으니, 조심스럽고 부드럽게 줄을 잡고 있어야 합니다. 줄을 놓치면 풍선은 구름 속으로 흘러 들어가 정처 없는 떠돌이가 됩니다."

13. Problems are not stop signs; they are guidelines. -Paster Robert H. Schuller-

품사 구분

Problems / Are / Not / Stop / Signs / They / Are / Guidelines

명사 / 복수형 연결동사 / 부정형 부사 / 형용사 / 명사 / 3인칭 대명사 / 복수형 연결동사 / 명사

문장 성분

Problems/주어, Are not stop signs/서술어부, Stop signs/주격 보어, ;/세미콜론, They/주어, Are guidelines/서술어부, Guidelines/주격 보어

문장 구조

이 문장은 주어+동사+보어(S+V+C) 구조의 첫 번째 절 "Problems are not stop signs"와 주어+동사+보어(S+V+C) 구조의 두 번째 절 "They are guidelines"가 구두점 세미콜론 ";"으로 연결되어 이루어진 평서형 중문입니다.

세미콜론(Semi-colone)은 의미상 관계가 연결되는 두 개의 독립절을 연결할 때 사용되며, 이 문장에서도 앞뒤 문장의 의미의 연결 관계성을 나타내기 위하여 사용되었습니다.

복수형 명사 "Problems"와의 수의 일치를 위하여 복수형 연결동사

"Are", 복수형 명사적 보어 "Stop signs"가 사용되었습니다.

복수형 명사는 한국어로 번역 시 단수로 번역하는 편이 자연스러울 수 있으며, 이 문장의 경우에도 문제들(Problems), 정지 신호들(Stop Signs), 안내 지침들(Guidelines)보다, 문제, 정지 신호, 안내 지침으로 단수 번역을 하였습니다. 하지만 영어 문장 감상 시 단수와 복수, 주어-동사 일치의 문법적 규칙을 의식적으로 구분하며 학습할 필요가 있습니다.

의미 단위

Problems / Are not stop signs / They are guidelines
문제는 / 정지 신호가 아니다 / 그것은 안내 지침이다

문장 감상

Problems are not stop signs; they are guidelines.
문제는 정지 신호가 아니다, 그것은 안내 지침이다.

어두운 밤하늘을 바라보면 별이 보입니다, 그 별들은 우리에게 어떤 길을 가야 할지, 어떤 선택을 해야 할지를 알려 주는 지침이 됩니다. 별들은 문제를 해결해 주지는 않지만, 문제를 어떻게 극복할지에 대한 희망의 빛을 쏟아 냅니다.

문제와 마주칠 때, 우리의 첫 번째 반응은 대게 '멈추고 싶다'입니다. 하지만 그 문제가 정말로 정지 표지판일까요? 아니면, 그것이 우리에게 더 나은 사람이 되도록 지침을 제시해 주고 있는 것일까요?

생각해 보면, 문제와 어려움은 종종 우리가 어떤 사람인지, 어떤 사람이 되고 싶은지를 깨닫게 해 줍니다. 그것은 삶의 길에서 잠깐 멈춰 선 우리에게, '이 방향이 아니라면 다른 방향은 어떨까?'라고 물어보는 나침반과 같습니다.

문제가 우리 앞에 나타났다면, 그것은 우리가 그 문제를 해결할 능력이 있다는 증거입니다. 그 문제를 통해 우리는 단순히 문제를 해결하는 사람에서 문제를 이해하고 그 속에서 성장하는 사람으로 거듭날 수 있습니다.

14. Believe you can and you're halfway there.
-Theodore Roosevelt-

품사 구분

Believe / You / Can / And / You / Are / Halfway / There
동사 / 2인칭 대명사 / 조동사 / 접속사 / 2인칭 대명사 / be동사 복수형 / 부사 / 대명사

문장 성분

Believe/서술어, You can/목적어부, And/접속사, You/주어, are halfway there/서술어부

문장 구조

이 문장은 두 개의 독립절이 접속사 "and"로 연결된 중문(Compound Sentence)입니다.

첫 번째 절 "Believe you can"에서 "You"가 주어이며, "Can"이 동사입니다. "Believe"는 다른 동사를 도입하는 접속사처럼 기능하여 전체 절을 이끕니다. 두 번째 절 "You're halfway there"에서 "You"가 주어이며, "'re"은 be동사의 축약형으로 동사의 역할을 합니다.

"halfway there"는 부사구로 위치를 나타냅니다. "Halfway"는 여기에서 부사로 사용되었는데, 그 이유는 "Halfway"가 "There"라는 상태 또는 위치를 기술하기 때문입니다. 부사는 동사, 형용사, 다른 부사, 또는 전체 문장에 대해 추가적인 정보를 제공하는 단어 또는 구

(Phrase)입니다. 이 문장에서 "Halfway"는 "There"라는 대명사(여기서는 특정한 목표 지점을 나타냄)와 연관되어, 이 지점까지 어느 정도 도달했는지에 대한 정보를 제공하고 있습니다. 즉, 당신이 "거기에"(목표 지점에) "반쯤" 도달했다는 사실을 부각시키는 역할을 하고 있기 때문에 "halfway"는 이 문장에서 부사로 분류된다고 보면 됩니다.

의미 단위

Believe you can / And You are / Halfway there
당신이 할 수 있다고 믿어라 / 그러면 당신은 ~이다 / 절반은 그곳에

문장 감상

Believe you can and you're halfway there.
당신이 할 수 있다고 믿어라, 그러면 당신은 반쯤 도달한 것이다.
당신이 할 수 있다고 믿으면, 당신은 이미 절반을 이룬 것이다.

대부분의 장벽은 사실 우리 마음속에 있습니다. 우리가 그 장벽을 넘을 수 없다고 생각하면, 그것은 실제로 우리를 막는 장벽이 됩니다.

다른 관점으로 생각해 보면, 할 수 있다고 믿는 순간, 우리는 정신의 장벽을 뛰어넘어, 이미 그 도전의 절반을 성공한 것입니다. 이것이 바로 자신감의 힘입니다. 그것은 우리에게 용기와 에너지를 주며, 우리를 앞으로 전진하게 합니다. 우리가 그 첫걸음을 걸을 때, 우리는 이미 반쪽을 넘어선 것입니다. 그것이 믿음이 우리에게 주는 선물입니다.

자신에 대한 믿음이 없다면 그 어떤 일이라도 시작하는 것이 어렵고,

성공적으로 완료하는 것이 불가능합니다. 많은 사람들이 자신의 능력을 의심하거나 실패를 두려워하기 때문에 목표를 추구하는 것을 두려워하거나 포기합니다. 그러나 자신을 믿는다면, 부딪히는 장벽을 극복하는 데 도움이 될 것이고, 결국 우리가 원하는 결과를 얻는 데 성공할 확률을 높일 것입니다.

"자기 효능감"은 심리학자 앨버트 반두라의 사회학습 이론의 주요 요소 중 하나이며, 한 사람이 자신의 능력을 신뢰하고, 특정 상황에서 필요한 행동을 성공적으로 수행할 수 있다고 믿는 정도를 의미합니다. 이러한 "자기 효능감"을 가지고 꿈과 목표를 향해 첫걸음을 내딛는다면 우리는 이미 절반은 성공한 것이며 나머지 절반의 여정도 즐겁게 마무리할 수 있을 것입니다.

15. Reality is created by the mind; we can change our reality by changing our mind.
-Plato-

품사 구분

Reality / Is / Created / By / The / Mind / We / Can / Change / Our / Reality / By / Changing / Our / Mind

명사 / 연결동사 / 과거분사 / 전치사 / 한정사·정관사 / 명사 / 1인칭 복수 대명사 / 조동사 / 동사 / 1인칭 복수 소유격 형용사 / 명사 / 전치사 / 동명사 / 1인칭 복수 소유격 형용사 / 명사

문장 성분

Reality/주어부, Is created by the mind/서술어부, By the mind/전치사구/수식어부, We/주어부, Can change our reality by changing our mind/서술어부, By changing our mind/전치사구/수식어부

문장 구조

이 문장은 두 개의 독립 절로 구성된 중문(重文/Compound Sentence)입니다. 중문은 두 개 이상의 독립 절을 접속사와 함께 사용하여 연결한 문장입니다. 일반적으로 접속사(and, or, but 등)가 사용되지만, 여기서는 "쉼표/Colon"으로 두 독립 절이 구분되어 있습니다. 한국어에서 '중문'이라는 용어는 "Compound Sentence"를 의미합니다.

이 용어는 두 개 이상의 독립 절을 연결한 문장의 특성을 설명하는 데 사용됩니다. 영어에서 'compound'라는 단어는 '결합하다' 또는 '복합하다'라는 의미를 가지고 있습니다. 이것이 한국어로 번역될 때 '중'이라는 글자를 사용하여 '복합'이라는 의미를 전달하고자 하였습니다. 한국어 "중문"에서의 "중"은 한자로 '重'입니다. 이 한자는 중첩이나 중복을 의미합니다. 따라서 "중문"이라는 용어는 서로 다른 독립 절이 결합되어 중첩되는 문장 구조를 표현하기 위해 사용됩니다.

Our(소유격 형용사, Possessive adjective)는 1인칭 복수 소유격 형용사로, '우리의'를 의미합니다. 소유격 형용사는 명사 앞에 위치하여 명사를 한정하는 기능을 수행하며, 동시에 그 명사가 어떤 사람이나 물건에 속하는지를 나타냅니다. 이러한 점에서 소유격 형용사는 한정사와 비슷한 기능을 가지고 있다고 볼 수 있습니다. 그러나 소유격 형용사는 한정사와 구별되어야 하며, 두 품사 간에 명확한 차이가 있습니다.

한정사(the, a, an 등)는 일반적으로 명사 앞에 위치하여 그 명사를 특정하게 만들거나 불특정하게 만드는 역할을 합니다. 반면에 소유격 형용사(our, my, your, his, her 등)는 명사 앞에 위치하여 그 명사가 어떤 사람이나 물건에 속하는지를 나타내는 역할을 합니다.

의미 단위

Reality / Is created / By the mind / We / Can change our reality / By changing our mind

현실 / 만들어진다 / 마음으로 / 우리는 / 우리의 현실을 바꿀 수 있다 / 우리의 마음을 바꿈으로써

문장 감상

Reality is created by the mind; we can change our reality by changing our mind.

현실은 마음에 의해 창조된다; 우리는 우리의 마음을 바꿈으로써 우리의 현실을 바꿀 수 있다.

우리가 상황을 인식하는 방식, 즉 우리의 관점은 해당 상황을 어떻게 처리하고 반응할지를 결정합니다. 동일한 상황에서 사람들은 각자 다르게 반응할 수 있습니다. 각자의 생각과 태도, 그리고 그에 따른 인식이 다르기 때문입니다.

이것이 바로 마음의 힘이 주는 결과입니다. 현실은 절대적인 것이 아닙니다. 그것은 우리의 인식에 의해 형성되며, 그 인식은 우리의 마음, 즉 우리의 사고방식에 의해 결정됩니다. 우리가 마주한 어려움이나 도전에 대한 태도를 바꾸면, 그 결과로 받아들이는 '현실'도 함께 바뀌게 됩니다.

우리의 마음가짐과 관점은 그 자체로 강력한 도구입니다. 이 도구를 잘 활용하면 자신의 현실을 긍정적으로 바꿀 수 있는 힘을 발휘할 수 있습니다.

"마음은 현실을 그리는 화가입니다. 우리의 생각은 그림자 속에 숨겨진 빛과 같아서 이 빛을 바꾸면 세상의 그림자가 바뀌고 화가는 새로운 세상을 그려 나갈 수 있습니다. 우리 마음속의 화가가 아름다운 그림을 그릴 수 있도록 밝은 빛으로 생각을 채워야 하겠습니다."

16. First, do what is necessary then do what is possible then the impossible shall come.
-St. Francis-

품사 구분

First / Do / What / Is / Necessary / Then / Do / What / Is / Possible / Then / The / Impossible / Shall / Come

부사 / 동사 / 관계대명사 / 연결동사 / 형용사 / 부사 / 동사 / 관계대명사 / 조동사 / 형용사 / 부사 / 한정사 / 형용사 / 조동사 / 동사

문장 성분

First, Do/명령형 서술어, What is necessary then do what is possible then the impossible shall come/목적어부

문장 구조

이 문장은 주어가 생략된 세 개의 명령문으로 이루어진 명령형 복문(Imperative Type Complex Sentence)이라고 볼 수 있습니다. 첫 번째 명령문 "Do what is necessary"를 주절로 Then 이하의 절을 종속절로 보아야 합니다. 첫 번째 명령을 내리고, 다음 명령을 순서대로 제시하고 있어 명령문 간의 의미상의 전후 종속관계가 성립된다고 볼 수 있습니다.

First는 부사로 사용되어 "필요한 것을 먼저 해야 함/Do what is necessary"를 강조하고 있습니다. "What is necessary/필요한 것"

과 "What is possible/가능한 것"은 관계대명사 목적어 절로 사용되어 "Do/~하라"의 목적어부 역할을 합니다.

이 문장에서 두 개의 "then" 모두 시간적인 순서를 나타내며, 두 개의 다른 독립 절을 연결하고 있지 않습니다. 이는 "then"이 두 경우 모두 부사로 사용되었음을 의미합니다.

첫 번째 "then": "First, do what is necessary, then do what is possible." 여기서 "then"은 앞서 언급된 행동("do what is necessary")이 이루어진 후에 다음 행동("do what is possible")이 일어남을 나타내는 부사입니다.

두 번째 "then": "then the impossible shall come." 이 "then" 역시 앞서 언급된 행동("do what is possible")이 이루어진 후에 "the impossible shall come"이 일어남을 나타내는 부사입니다.

따라서, 두 개의 "then" 모두 부사로 사용되고 있습니다. 접속사로서의 "then"은 두 개의 독립절을 연결하는 데 사용되지만, 이 문장에서는 각 "then"이 시간의 흐름을 나타내고 있으므로, 두 경우 모두 "then"은 부사로 분류됩니다.

의미 단위

Fist / Do / What is necessary / Then / Do / What is possible / Then / The impossible / Shall come

먼저 / ~하라 / 필요한 것 / 그다음에 / ~하라 / 가능한 것 / 그러면 / 불가능한 것들 / 올 것이다

문장 감상

First, do what is necessary then do what is possible then the impossible shall come.

먼저, 필요한 일을 하라. 그다음 가능한 일을 하라. 그러면 불가능한 일이 올 것이다. 먼저, 해야 할 일부터 시작하라. 그 후에 가능한 것들을 하게 되면, 불가능해 보였던 일도 이루어질 것이다.

우리 모두의 여정은 단계로 이루어져 있습니다. 우리는 먼저, 필요한 일들을 해야 합니다. 필요한 일, 그것은 우리가 각자의 삶에서 맞닥뜨린 도전과 과제들, 우리가 어쩔 수 없이 직면해야 할 현실들입니다. 이것들을 처리하지 않으면, 우리는 전진할 수 없습니다. 그래서 우리는 필요한 일을 먼저 해야 합니다.

그다음에는 가능한 일을 해야 합니다. 가능한 일, 그것은 우리가 본인의 능력과 열정, 그리고 이를 통해 이룰 수 있는 것들입니다. 우리는 가능할 일들을 추구하며, 우리의 가능성을 끝까지 발휘해야 합니다.

하지만 여기서 끝이 아닙니다. 우리가 필요한 일을 하고, 가능한 일을 한 뒤에는, 불가능해 보였던 일이 현실로 다가오게 됩니다. 예상치 못했던 기회가, 생각지도 못했던 성취가 문 앞에 찾아오기도 하고 불가능하다고 생각되었던 것들이 가능해지기도 합니다.

포기하지 말고, 필요한 일들을 계속하고, 가능한 일에 도전하며, 불가능해 보이는 것에 대한 우리의 믿음을 잃지 말아야 합니다. 우리는 도전을 극복하고, 우리의 가능성을 실현시키며, 마침내 불가능한 것을 가능하게 만들어 갈 것입니다. 이것이 바로 우리의 여정이며, 우리가 함께 이룰 수 있는 놀라운 미래입니다.

17. Do not judge each day by the harvest you reap but by the seeds that you plant.
-Robert Louis Stevenson-

품사 구분

Do / Not / Judge / Each / Day / By / The / Harvest / You / Reap / But / By / The / Seeds / That / You / Plant

조동사 / 부정형 부사 / 동사 / 한정사 / 명사 / 전치사 / 한정사 / 명사 / 2인칭 대명사 / 명사 / 접속사 / 전치사 / 한정사 / 복수명사 / 관계대명사 / 2인칭 대명사 / 동사

문장 성분

Do not judge each day by the harvest you reap/서술어부, Judge/서술어, Each day/목적어, But by the seeds that you plant/서술어부

문장 구조

이 문장은 명령문인 첫 번째 절 "Do not judge each day by the harvest you reap"가 접속사 "But" 이하 두 번째 절 "By the seeds that you plant"로 연결된 명령형 중문(Imperative type compound sentence)입니다.

명령문임으로 주어인 "You"가 생략되었으며, 뒤의 절 "By the seeds that you plant"도 앞 절의 서술어인 "Judge each day"가 생략되어 있습니다. 첫 번째 절의 "By the harvest you reap"와 두 번째 절 "By the seeds that you plant"는 전치사 구문으로 "Judge"를 수식하고 있습니다.

"Harvest"와 "seeds"의 수(Nummber)가 각각 단수형과 복수형으로 사용된 이유는 이 문장의 의미와 상징성에 관련되어 있습니다. "Harvest"는 여기에서 '수확물'이라는 의미로 사용되었으며, 보통은 특정 시간에 얻은 전체 생산물을 가리키는 개념입니다. "Harvest"는 개별적인 항목이 아닌 전체 수량을 나타내는 말이므로, 여기에서는 단수형으로 쓰이고 있습니다. "Seeds"는 '씨앗'이라는 의미로 사용되었습니다. 한 개의 씨앗만 심는 것이 아니라 여러 개의 씨앗을 심는 것이 일반적이므로, 여기에서는 복수형으로 쓰였습니다. 또한, 이는 미래의 가능성을 상징하며, 각각의 씨앗은 다른 결과를 가져올 수 있음을 의미합니다.

의미 단위

Do not judge each day / By the harvest you reap / But by the seeds that you plant

하루를 판단하지 마라 / 당신이 수확한 것으로 / 하지만, 당신이 심은 씨앗으로(판단하라)

문장 감상

Do not judge each day by the harvest you reap but by the seeds that you plant.

하루하루를 당신이 수확한 결과로 판단하지 말고, 당신이 심은 씨앗으로 판단하세요.

우리는 종종 하루하루의 성과에 집착하는 경우가 많습니다. 하루의 가치를 판단하는 기준은 당일 수확한 결과, 즉 성취와 성공이 되곤 합니다. 하지만 이것보다 더 중요한 것이 있습니다. 하루에 "심은 씨앗" 즉, 미래를 위해 노력하고 투자한 것이 바로 그것입니다.

때로는 우리의 노력이 곧바로 결과를 가져다주지 못하는 경우도 있습니다. 그러나 그 씨앗은 언젠가는 열매를 맺게 될 것입니다. 모든 것이 즉시 결과를 보여 주지 않는다고 해서 우리가 심은 씨앗, 우리의 노력이 허사가 되는 것은 아닙니다. 그 씨앗은 땅속에서 자라고 있을 뿐입니다. 미래는 우리가 오늘 심는 씨앗에 의해 결정됩니다. 우리 모두는 하루하루 희망의 씨앗을 각자의 땅에 심으면서 살아가면 됩니다.

18. Be kind. Every person you meet is fighting a different battle. -Plato-

품사 구분

Be / Kind / Every / Person / You / Meet / Is / Fighting / A / Different / Battle

상태동사 / 형용사 / 한정사 / 명사 / 2인칭 대명사 / 동사 / be동사 단수 현재형 / 현재분사 / 한정사 / 형용사 / 명사

문장 성분

Be kind/명령형 서술어부, Every person you meet/주어부, Is fighting a different battle/서술어부, Fighting/서술어, A different battle/목적어

문장 구조

이 문장은 두 개의 독립절로 구성된 명령형 중문(Imperative Type Compound Sentence)입니다.

첫 번째 절 "Be kind"는 동사 "Be"와 서술적 형용사인 "Kind"로 이루어진 명령형 단문으로 주어가 생략되었습니다. 두 번째 절 "Every person you meet is fighting a different battle"은 주어+동사+현재분사 진행형 보어(S+V+C) 구조를 가지고 있는 단문입니다.

"Fighting"은 동사 "Fight"의 현재 진행형 시제(Present Progressive Tense)로, 현재분사(Present Participle)의 성격을 가지고

있으며 목적어부 "A different battle"을 취하고 있습니다.

의미 단위

Be kind / Every person you meet is / Fighting a different battle
친절하라 / 당신이 만나는 모든 사람은 ~이다 / 다른 전쟁을 치르고 있다

문장 감상

Be kind. Every person you meet is fighting a different battle.
친절하라. 당신이 만나는 모든 사람들은 각자 그들만의 전쟁을 치르고 있다.

사람들의 겉모습 뒤에 숨겨진 다양한 이야기와 고민, 문제들을 보아야 할 필요가 있습니다. 그들은 각각 자신만의 전쟁을 치르고 있습니다. 그것은 아무도 모르는 가슴 아픈 과거일 수도 있고, 현재의 어려움일 수도 있습니다. 우리에게는 보이지 않지만 그들의 마음속에는 존재하는 것입니다.

우리가 거리에서 만나는 사람, 직장에서 만나는 동료, 학교에서 만나는 친구. 그들 모두가 눈에 보이지 않는 각자의 전투를 치르고 있습니다. 어떤 사람은 가정의 문제와 맞서 싸우고 있을지도 모릅니다. 어떤 사람은 질병의 그림자와 맞서고 있을지도 모릅니다. 또 다른 사람은 자신의 내면의 두려움과 싸우고 있을 수도 있습니다.

이런 전투를 치르는 사람들에게 우리가 줄 수 있는 가장 큰 선물은 무엇일까요? 그것은 바로 '자연스러운 친절'입니다. 우리의 작은 관심과 따뜻한 눈길, 그리고 손길은 그들에게 큰 힘이 될 수 있습니다. 그들이

혼자가 아니라는 것을 느끼게 해 주며, 그들의 힘겨운 싸움에 조금이나마 격려가 될 수 있습니다.

"무지개가 걸린 하늘 아래, 수많은 씨앗이 뿌려져, 모두 다른 빛을 내며, 각자의 전쟁을 치르고 있습니다. 가슴에 품은 햇살 같은 따스함으로 각자의 전쟁에 따스한 빛을 비추며 희망의 무지개를 그려야 합니다. 무수한 별들의 마음속에 햇살 같은 따뜻함을 안기고 서로의 전쟁을 응원하며 함께 나아갈 길을 찾아야 합니다."

19. In every person, there is a sun. Just let them shine. -Socrates-

품사 구분

In / Every / Person / There / Is / A / Sun / Just / Let / Them / Shine

전치사 / 한정사 / 명사 / 대명사 / 연결동사 / 한정사 / 명사 / 부사 / 사역동사 / 목적격 3인칭 대명사 / 동사

문장 성분

In every person/전치사구의 부사적 용법, There/주어, Is a sun/서술어부, A sun/주격 보어, Just let them shine/명령형 서술어부

문장 구조

이 문장은 두 개의 독립절로 구성된 복문입니다.

첫 번째 절에서 "In every person"은 전치사구로, 문장의 나머지 부분과 관련된 설명을 위해 부사적으로 사용되었습니다. 주어 "there"와 연결동사 "is"는 서술어 동사 구조를 형성하며, 모든 사람에게 존재하는 것을 나타냅니다. "a sun"은 명사 보어로서, 주어에 대한 설명을 의미하고 있습니다.

두 번째 절은 명령문입니다. 부사 "Just"는 "let them shine"이라는 명령문에 강조를 더합니다. 동사 "let"은 명령문의 동사이며, 목적어 "them"은 대명사로서 첫 번째 문장에서 언급된 "sun"을 가리킵니다.

동사 "shine"은 사람들이 그들의 잠재력이나 능력을 발휘하고 빛날 것을 나타내고 있습니다.

　두 번째 문장 "Just let them shine"에서 "them"은 대명사로 사용되었는데, 이전 문장에서 언급된 "sun"을 가리키고 있기 때문입니다. 여기서 "shine"은 그 잠재력이나 가치를 발휘하고 빛나게 함을 의미합니다. "them"이 복수 대명사로 사용된 이유는 문장에서 "every person"이라는 표현을 사용했기 때문입니다. "In every person, there is a sun. Just let them shine"에서 "every person"은 모든 사람을 포괄하는 개념입니다. 따라서 이 문장은 개별 사람들을 대상으로 하는 것이 아니라, 사람들 전체에 적용되는 내용을 전달하려고 합니다. 복수 대명사인 "them"을 사용함으로써, 이 문장은 각각의 사람이 아닌 사람들 전체에게 그들의 잠재력이나 가치를 발휘하고 빛내도록 명령형으로 서술하고 있습니다.

의미 단위

In every person / There is a sun / Just / Let them shine
모든 사람 안에는 / 각자의 태양이 있다 / 단지 / 그것들(태양들)을 빛나게 하라

문장 감상

In every person, there is a sun. Just let them shine.
모든 사람의 내면에는, 태양이 있다, 그저 그 태양이 빛나도록 해 주자.

당신과 나, 그리고 우리 모두의 안에는 빛나는 태양이 있습니다. 이 세

상의 모든 사람들은 각자의 방식으로, 그 빛을 발산하고 있습니다.

잠시 자신의 내면을 들여다보세요. 그곳에서는 무엇이 빛나고 있나요? 아마도 열정, 꿈, 사랑, 그리고 희망이 타오르는 태양처럼 빛나고 있을 것입니다. 그러나 때로는 그 빛이 구름에 가려져 보이지 않을 때가 있습니다. 고민, 두려움, 혹은 외부의 기대와 압박 때문에 그 빛이 어둡게 느껴질 수 있습니다.

그렇기 때문에 우리는 서로에게 그 빛을 더욱 밝게 빛나게 도와주어야 합니다. 우리는 각자의 잠재력을 깨우치고, 그것을 발휘할 기회를 창출해야 합니다. 또한, 주위의 사람들이 그들만의 방식으로 빛날 수 있도록 도와주며, 그들의 능력과 잠재력을 인정하고 존중해야 합니다. 모든 사람은 그 자체로 특별하며, 그 안에는 무한한 가능성이 숨겨져 있습니다. 그것을 실현하기 위해서는 우리 모두가 서로를 격려하고 응원해야 합니다. 그러면, 우리 사회는 더욱 빛나고 따뜻한 곳이 될 것입니다.

"태양이 뜨는 곳마다 빛이 찾아옵니다. 그 빛은 각자의 마음속에 숨어 있습니다. 햇살 가득한 날, 숨겨진 빛을 내보내며, 서로의 하늘에 빛나는 태양이 되어야겠습니다. 모두의 빛이 어우러질 때, 우리는 함께 더 밝게 빛날 것입니다."

20. Keep your face always toward the sunshine and shadows will fall behind you.
-Walt Whitman-

품사 구분

Keep / Your / Face / Always / Toward / The / Sunshine / And / Shadows / Will / Fall / Behind / You

동사 / 2인칭 소유격 한정사 / 명사 / 부사 / 전치사 / 한정사 / 명사 / 접속사 / 명사 / 조동사 / 동사 / 전치사 / 2인칭 대명사

문장 성분

Keep your face always toward the sunshine/명령형 서술어부, Your face/목적어, Always toward the sunshine/수식어부, And shadows/주어, Will fall behind you/서술어부, Behind you/수식어

문장 구조

이 문장은 첫 번째 독립절, 동사+목적어+수식어(V+O+M) 구조의 명령형 단문과 두 번째 독립절, 주어+동사+수식어(S+V+M) 구조의 단문이 접속사 "And"로 연결된 중문(Compound Sentence)입니다.

"Shadows/그림자"는 일반적으로 단수로 사용되지만, 이 문장에서는 복수로 사용되었습니다. 햇빛을 향해 얼굴을 돌리면, 그 사람의 뒤에는 그림자가 생깁니다. 이 그림자는 단 하나의 그림자가 아니라, 여러 개의 그림자가 있을 수 있습니다. 이 문장에서 shadows를 복수로 사용한 것

은 그림자의 특성을 정확하게 표현하고, 문장의 의미를 보다 풍부하게 하기 위한 것입니다.

의미 단위

Keep your face / Always toward the sunshine / And shadows / Will fall behind you
당신의 얼굴을 유지하라 / 항상 햇살을 향하게 / 그러면 그림자는 / 당신 뒤로 떨어질 것이다

문장 감상

Keep your face always toward the sunshine and shadows will fall behind you.
당신의 얼굴을 항상 햇살 쪽으로 향하게 하라, 그러면 그림자는 당신의 뒤쪽으로 떨어질 것이다.

우리는 모두 삶의 어려움과 고민, 그림자와 같은 것들에 둘러싸여 있을 때가 있습니다. 그 순간, 우리의 시선은 그림자에만 집중되기 쉽습니다. 하지만 그림자는 단지 빛이 있기 때문에 생긴 것입니다. 그 빛, 즉 희망과 긍정, 사랑이나 목표를 향하면 그림자는 자연스럽게 뒤로 사라집니다.

어두운 숲속을 걷고 있다고 생각해 봅시다. 사방은 어둡고, 길을 잃은 듯한 느낌이 들 때, 그곳에서 햇빛이 보이면 어떨까요? 그 햇빛을 향해 걸으면, 어둠은 점점 뒤로 멀어집니다. 이처럼 삶에서도 힘든 상황, 어두운 순간들을 겪을 때 '햇빛', 즉 희망을 향해 나아가면 그 어려움은 점

점 줄어들 것입니다.

  어떤 어려움에 마주치더라도 용기를 가지고 '햇빛'을 향해 나아가면 됩니다. 그러면 그 뒤따르는 그림자는 점점 멀어지고, 우리 앞에는 밝고 따뜻한 미래가 펼쳐질 것입니다.

21. I've always believed that you can think positive just as well as you can think negative. -William James-

품사 구분

I / 've / Always / believed / That / You / Can / Think / Positive / Just / As well as / You / Can / Think / Negative

1인칭 대명사 / 조동사 / 부사 / 동사 / 목적격 관계대명사 / 2인칭 대명사 / 조동사 / 동사 / 형용사(구어적 부사) / 부사 / 접속사 / 2인칭 대명사 / 조동사 / 동사 / 형용사(구어적 부사)

문장 성분

I/주어, Have always believed/서술어부, That you can think positive/목적어절, Just as well as/부사 접속사 수식어, You can think negative/목적어절

문장 구조

이 문장은 주어+동사+목적어절(S+V+O) 구조를 가지는 첫 번째 절 "I've always believed that you can think positive"와 주어+동사+수식어(S+V+M) 구조를 가지는 두 번째 절 "You can think negative"가 접속사 "As well as"로 연결된 중문(Compound Sentence)입니다.

"Just as well as"는 비교 접속사 구문으로 "That~절"에 포함되어

있는 "You can think positive" 절과 "You can think negative" 절을 비교 설명하고 있습니다.

"Positive"와 "Negative"는 형용사이기 때문에 "think positive"나 "think negative"는 문법적으로 바르게 사용되었다고는 보기 어렵습니다. 문법적으로 바른 표현으로는 부사 형태인 "positively"와 "negatively"를 사용해야 합니다.

그러나 실제로 많은 사람들이 "think positive"나 "think negative"와 같은 표현을 비공식적으로 사용하기도 합니다. 이는 간결하고 직관적인 메시지 전달에 도움이 되기 때문이며, 문맥에 따라 사용이 허용될 수도 있습니다.

의미 단위

I've always believed / That you can think positive / Just as well as / You can think negative

나는 항상 믿어 왔다 / 당신은 긍정적으로 생각할 수 있다는 것 / ~하는 것만큼 / 부정적으로 생각하는 것

문장 감상

I've always believed that you can think positive just as well as you can think negative.

나는 항상 당신이 부정적으로 생각할 수 있는 것만큼 긍정적으로 생각할 수 있다고 믿었다.

우리의 인생에서, 가장 아름다운 일몰도, 가장 어두운 밤도 결국은 우리 마음속에서 바라보는 시각에 따라 그 모습이 달라집니다. 우리의 생각, 그 하나하나가 우리의 삶의 풍경을 그린다는 것입니다.

우리가 가진 생각의 힘은 무한합니다. 하루의 시작부터 끝까지, 긍정적인 마음으로 세상을 바라보면, 작은 기적들이 우리 삶 속에서 일어나기 시작할 것입니다. 하지만, 부정적인 생각에 빠지게 되면, 그림자만이 우리 앞길을 가릴 것입니다.

어두운 구름이 우리 마음을 가리려 할 때마다, 그 구름을 밀어 내고, 밝은 햇살을 그려 보는 연습을 해 보는 것도 좋습니다. 어려울 수 있지만 우리의 삶, 그 속에 숨어 있는 무한의 가능성과 미래를 발견하기 위해 꼭 필요한 연습입니다.

22. He who cannot obey himself will be commanded. That is the nature of living creatures. -Friedrich Nietzsche-

품사 구분

He / Who / Can / Not / Obey / Himself / Will / Be commended
/ That / Is / The / Nature / Of / Living / Creatures
3인칭 대명사 / 관계대명사 / 조동사 / 부정형 부사 / 동사 / 3인칭 재귀대명사
/ 조동사 / 수동태 과거분사 / 대명사 / 연결동사 / 한정사 / 명사 / 전치사
/ 동명사 / 명사

문장 성분

He who cannot obey himself/주어부, Will be commanded/서술어부, That/주어부, Is the nature of living creatures/서술어부

문장 구조

이 문장은 주어+동사+보어(S+V+C) 구조를 가지는 첫 번째 단문 "He who cannot obey himself will be commanded"와 주어+동사+보어(S+V+C) 구조를 가지는 두 번째 단문 "That is the nature of living creatures"이 마침표/Period "."로 나누어진 중문(Compound Sentence)이라고 볼 수 있으며, 두 번째 절이 첫 번째 절에 의미상으로 종속되어 있다고 볼 수 있어 의미상 복문(Complex Sentence)의 특성도 가지고 있습니다(형식적인 복문의 형태를 가지려면 종속 접속사가 필요함에 주의를 요합니다).

사상이나 관념의 입체적인 개념을 전달하기 위하여 다양한 형태의 문장 구조가 혼합되어 사용되는 경우가 많기 때문에 단문, 중문, 복문, 혼합문을 엄격히 구분할 필요는 없습니다. 명언 등의 짧은 문장의 이해를 위한 문장 형태의 구분이 소설 등 장문의 문장에도 획일적으로 적용되는 것은 아닙니다. 이 때문에 문장 형태의 구분 방식을 문장이 전달하는 의미의 파악을 위한 수단 정도로 이해하는 유연한 사고방식을 가질 필요가 있습니다.

"Be commanded"는 "be동사+과거분사(Past participle)"의 형태로 수동태(Passive voice) 의미인 "명령을 받는다"로 해석됩니다.

의미 단위

He who cannot obey himself / Will be commanded / That is / The nature of living creatures

자신을 복종하게 만들지 못하는 자 / 명령을 받을 것이다 / 그것이 ~이다 / 생명체의 본성

문장 감상

He who cannot obey himself will be commanded. That is the nature of living creatures.

자기 자신을 복종시키지 못하는 사람은 명령을 받게 될 것이다. 그것이 모든 생명체의 본질적 특성이다.

첫 번째 문장 "He who cannot obey himself will be commanded"

는 '자기 자신에게 복종하지 못하는 사람은 명령을 받게 될 것이다'라는 내용을 담고 있습니다. 여기서 '자기 자신에게 복종한다'는 표현은 개인의 가치, 원칙, 목표 등에 따라 스스로의 행동을 조절하고 관리하는 능력을 의미합니다. 이렇게 자기 자신을 통제하고 행동하는 능력이 부족하다면, 그 사람은 자신의 행동을 다른 사람이나 상황에 의해 지배되거나 제어되게 될 것입니다. 이는 마치 명령을 받아야 하는 상황처럼, 스스로의 의지나 선택보다는 외부의 영향에 의해 행동하게 됨을 의미합니다.

두 번째 문장 "That is the nature of living creatures"는 자아 제어와 그 부재로 인한 외부적 지배라는 현상이 생명체, 특히 인간의 본질적인 특성 중 하나라는 점을 강조합니다. 이는 생명체가 스스로를 제어하고 그 행동을 결정하는 능력이 있으며, 그렇지 않으면 외부에 의해 그 행동이 결정되는 경향이 있다는 생명체의 본질에 대한 명확한 이해를 표현하고 있습니다.

스스로를 아는 것, 스스로를 통제하는 것, 그리고 스스로의 길을 선택하는 것. 이 세 가지 요소는 우리의 인생에서 중요한 역할을 합니다. 이를 통해 우리는 외부의 지배나 압박에서 벗어나, 진정한 의미에서의 자유와 행복을 찾을 수 있습니다.

"자신의 바다를 항해할 줄 모르는 자는 외부의 바람에 의해 항로가 결정됩니다. 내면의 나침반을 따르지 못하면, 남의 지도에 자신의 길이 그려지게 될 것입니다. 우리 자신의 맥박을 느끼지 못한다면, 타인의 리듬에 맞춰 춤을 추게 됩니다. 그것이 바로 생명의 규칙이며 우리 모두의 운명입니다."

23. You have your way. I have my way. As for the right way, the correct way, and the only way, it does not exist.
-Friedrich Nietzsche-

품사 구분

You / Have / Your / Way / I / Have / My / Way / As for / The / Right / Way / The / Correct / Way / And / The / Only / Way / It / Does / Not / Exist

2인칭 대명사 / 동사 / 2인칭 소유격 전치사 / 명사 / 1인칭 대명사 / 동사 / 1인칭 소유격 대명사 / 명사 / 전치사 구문 / 한정사 / 형용사 / 명사 / 한정사 / 형용사 / 명사 / 접속사 / 한정사 / 형용사 / 명사 / 3인칭 단수 대명사 / 조동사 / 부정형 조동사 / 동사

문장 성분

You/주어, Have your way/서술어부, Your way/목적어, I/주어, Have my way/서술어부, My way/목적어, As for right way, the correct way, and the only way/전치사구 수식어부, It/주어, Does not exist/서술어부

문장 구조

이 문장은 주어+동사+목적어(S+V+O) 구조를 가지는 세 개의 단문이 조합되어 이루어진 중문(Compound Sentence)이라고 볼 수 있

습니다. 하지만, 각각의 단문이 조합되어 전달하려는 전체 문장의 의미 파악만 된다면 문장 형태의 구분에 엄격한 기준을 적용할 필요는 없습니다. "As for"는 이 문장에서 "전치사구/Prepositional Phrase"로 분류될 수 있습니다. 명사구인 "As for"는 "The right way, the correct way, and the only way"를 주격(Subjective)으로 수식하고 있어 "전치사구"로 구분될 수도 있으나, 가주어 "It"과 의미상으로 연결될 경우, "접속사구/Conjunctional Phrase"의 기능도 포함할 수 있으므로 품사적으로 엄격히 구분하기 어려운 구문입니다.

"As"는 문장에서의 쓰임에 따라 "전치사/Preposition" 또는 "접속사/Conjunction"로도 사용됩니다. (전치사 예: I worked as a waiter, 접속사 예: She arrived early, as I expected.)

의미 단위

You have / Your way / I have / My way / As for the right way / The correct way / And the only way / It does not / Exist
당신은 가지고 있다 / 당신의 길을 / 나는 가지고 있다 / 나의 길을 / 바른길로 말하자면 / 정확한 길 / 그리고 유일한 길 / 그것은 ~하지 않는다 / 존재하지

문장 감상

You have your way. I have my way. As for the right way, the correct way, and the only way, it does not exist.
너는 너의 방법이 있고, 나는 나의 방법이 있다. 올바른 방법, 정확한 방법, 그리고 유일한 방법에 대해 말하자면, 그것은 존재하지 않는다.

삶의 방식과 관련해서 무엇인가가 '옳다'고 믿는 것은 개인마다, 문화마다, 시대마다 다를 수 있습니다. 타인의 방식이 나와 다르다고 해서 틀렸다고 단정할 수는 없습니다. 삶의 방식과 관련된 절대적인 '정답'이나 '옳은 길'은 존재하지 않기 때문입니다.

세상에는 수없이 많은 사람들이 있고, 그들 각각이 자신만의 경험, 지식, 생각을 가지고 살아가고 있습니다. 우리는 각자 다른 배경과 경험을 가진 독특한 개체입니다. 이러한 다양성은 세상을 풍요롭게 만드는 원천이자 우리 모두가 함께 성장하고 발전할 수 있는 기반이 됩니다. 각자의 길을 걸어가는 사람들 사이에서, 우리는 또한 서로 다름을 경험하게 됩니다. 이 다름을 두려워하거나 거부하는 대신, 그것을 이해하고 존중하는 태도를 취할 때, 진정한 의미에서의 인간관계와 사회의 발전이 가능해질 것입니다.

우리가 가진 방식이나 견해를 강요하는 대신, 다른 사람의 생각과 방식을 이해하고 존중하는 자세가 중요합니다.

"바다 위에 수많은 배가 떠 있습니다, 당신의 배는 동쪽으로, 나의 배는 서쪽으로 흐르는 물결을 따라 흘러갑니다. 우리가 찾는 나침반의 화살, 그 정해진 방향은 없습니다. 그저 바람과 별의 노래에 따라가는 것뿐입니다. 하늘의 별들처럼, 각기 다른 빛을 내며, 무한한 우주 속에서 자신만의 궤도를 그립니다. 정해진 길 따윈 없이, 오직 별들의 꿈만이 있을 뿐입니다. 당신과 나, 각자의 빛으로 하늘을 수놓습니다."

24. Self-care mindset: I never lose, either I win or I learn. -Nelson Mandela-

품사 구분

Self-care / Mindset / I / Never / Lose / Either / I / Win / Or / I / Learn

형용사 / 명사 / 1인칭 대명사 / 부정형 부사 / 동사 / 등위 접속사 / 1인칭 대명사 / 동사 / 접속사 / 1인칭 대명사 / 동사

문장 성분

Self-care mindset/주어부, I/주어부, Never lose/서술어부, Either I/주어부, Win/서술어부, Or I/주어부, Learn/서술어부

문장 구조

이 문장은 "명사구/Noun Phrase"인 "Self-care mindset"을 주어로 가지는 첫 번째 단문과 단문 "I never lose" 등위접속사 절 단문 "Either I win or I learn"이 연결된 평서형 단문(Declarative Type Simple Sentence)입니다.

"Self-care mindset:"은 문장의 주제를 나타내는 구문으로, 콜론(:)이 사용되어 후속 문장의 설명으로 연결됩니다.

"I never lose"는 독립절로, 주어('I')와 "부정 동사"(Never lose)를 가지고 있는 구조입니다. "Either I win or I learn"은 'Either…or…' 구조를 사용하여 두 가지 가능성을 나타내는 등위 절입니다.

'Either··· or···'는 보통 두 선택지 중 하나를 선택하게 하는 상황을 표현합니다. 이 문장에서는 승리('I win')와 배움('I learn') 두 가지 상황을 제시하고 있습니다.

"Self-care"는 일반적으로 명사로 사용되며, 개인이 자신의 건강, 행복, 복지에 대해 책임지는 것을 의미합니다. 때때로 형용사처럼 사용되어 다른 명사를 수식할 수도 있습니다. "Self-care activities" 구문에서 "self-care"는 "activities"를 수식하는 형용사의 역할을 합니다. 이 경우에 "self-care"는 '자기 자신을 돌보는'이라는 의미의 형용사 기능을 합니다. "Self-care"는 문맥에 따라 형용사의 기능을 할 수 있지만, 그 자체로는 명사라고 보면 됩니다.

의미 단위

Self-care / Mindset / I never lose / Either I win / Or I learn
자기를 돌보는 / 마음가짐 / 나는 결코 지지 않는다 / 이기거나 / 그렇지 않으면 배우거나

문장 감상

Self-care mindset: I never lose, either I win or I learn.
자기 관리의 마음가짐: 나는 결코 지지 않는다, 나는 이기거나 아니면 배운다.

우리는 스스로를 친절하고 다정하게 대해야 합니다. 실패에 대한 두려움이나 걱정을 버리고 실패를 학습의 기회로 보아야 합니다. 어떤 결과이든 간에, 승리하거나 배우는 것이므로, 결국 우리는 '잃거나 지지/

Lose' 않습니다. 실패는 단지 현재의 한계를 보여 주는 것이지, 영구적인 한계를 나타내는 것은 아닙니다. 실패는 우리가 배우고 성장할 수 있는 기회를 제공합니다. 흔히 우리는 목표를 달성하지 못하거나 기대한 결과를 얻지 못하면 실패했다고 생각합니다.

"목표를 달성하면 우리는 '이깁니다'. 그러나 그렇지 않더라도 우리는 '배웁니다'. 실패는 우리가 피드백을 받고, 어떤 것이 작동하지 않는지를 이해하고, 다음에 더 잘할 수 있도록 우리에게 중요한 정보를 제공하는 기회입니다. 이러한 관점으로 세상을 보면, 우리는 어떠한 상황에서도 결코 '잃거나 패배하지/Lose' 않습니다. 우리는 항상 이기거나 배우게 됩니다."

제3절 복문/複文/Complex Sentences

1. You only fail when you stop trying.
-Anonymous-

품사 구분

You / Only / Fail / When / You / Stop / Trying
명사 / 부사 / 동사 / 종속 접속사 / 명사 / 동사 / 동명사

문장 성분

You/주어, Only fail when you stop trying/서술어부, You only fail/주절, When you stop trying/종속 부사절

문장 구조

이 문장은 주어+동사+종속 부사절 보어(S+V+C)로 이루어진 평서형 복문(Declarative type complex sentence)입니다.

주절인 "You only fail"은 독립절/Independent Clause로 독립적 의미를 전달합니다. 하지만 어떠한 경우에 "Fail"을 하는 건지 명확하게 알 수 없습니다. 그래서 조건을 나타내는 종속절 "When you stop trying"이 따라와 주절의 의미를 완성한 것입니다. 이러한 문장의 기능 때문에 종속절인 "When you stop trying"을 보어/Complement로

보아도 무방합니다. 문법적으로는 종속절이 없어도 주절의 의미는 성립되지만 의미가 분명해지지 않는 모호함이 남습니다.

의미 단위

You only fail / When you stop / Trying
당신은 ~할 때만 실패한다 / 당신이 멈출 때에만 / 시도를

문장 감상

You only fail when you stop trying.
당신은 노력을 멈추는 경우에만 실패한다.

어떤 상황에서도 노력을 멈추지 않으면, 우리는 결코 실패하지 않습니다. 우리가 마주한 어려움이 어떤 것이든, 노력을 계속하면 언젠가는 성공할 수 있습니다.

어떤 일이든지 노력을 계속하면 실패는 없다는 것을 기억하면 됩니다. 어떤 도전이든, 그것이 얼마나 크고 힘든 것이든, 당신이 노력을 멈추지 않는다면, 그것은 결코 실패가 아닙니다. 노력을 계속하는 것은 진정한 성공을 향한 단계입니다. 넘어질 수도 있습니다. 그러나 그것은 실패가 아닙니다. 그것은 단지 우리가 다시 일어나서 더 강하게 다시 도전할 수 있도록 교훈을 주는 것입니다. 실패는 우리가 노력을 멈출 때만 일어납니다.

도전이 실패로 보일지라도 그것은 일시적인 것입니다. 우리는 우리의 노력을 통해 극복할 수 있습니다.

2. It hurt because it mattered. -John Green-

품사 구분

It / Hurt / Because / It / Mattered

3인칭 단수 대명사 / 과거형 동사 / 종속 접속사 / 3인칭 단수 대명사 / 과거형 동사

문장 성분

It/주어, hurt/서술어, Because it mattered/수식어부

문장 구조

이 문장은 주어+동사+종속절 수식어(S+V+INDP M) 구조의 평서형 복문(Declarative Type Complex Sentence)입니다.

"결과"인 주절 "It hurt"와 "원인"인 종속절 "Because it mattered"가 결합하여 "인과관계의" 복합 의미를 전달하고 있습니다.

"Hurt"는 과거형 동사이며, 시제의 일치를 위해 종속절에도 동사의 과거형 "Mattered"를 사용하였습니다.

의미 단위

It hurt / Because it mattered

그것이 상처를 주었다 / 중요하였기 때문에

문장 감상

It hurt because it mattered.

그것이 상처를 주었다. 왜냐하면 그것이 중요하였기 때문에.

우리 각자의 삶은 다양한 도전과 시련, 그리고 그것을 딛고 일어나는 순간들로 가득 차 있습니다. 상처받을 때 우리가 느끼는 고통은 단순히 아픈 순간만을 의미하는 것이 아닙니다. 그것은 우리에게 어떤 것이 가장 중요한지, 어떤 것을 가장 소중히 여기는지를 알려 주는 나침반과도 같습니다.

상처나 실패의 순간에 우리가 느끼는 아픔은 종종 우리의 진정한 가치와 열정, 그리고 우리의 삶의 방향을 제시해 줍니다. 상처는 우리의 감정의 깊이를 나타내며, 그것이 우리에게 얼마나 중요한지를 확인하는 방법이기도 합니다. 그러나 그 아픔은 또한 우리가 어디로 가고 있고, 어떤 것을 추구하는지에 대한 통찰력을 제공하기도 합니다.

현재 어려움을 겪고 있다면, 잠시 그 상처의 원인이 무엇인지, 그것이 어떤 의미를 가지는지 생각해 보십시오. 아마도 그것은 꿈, 사랑, 또는 가치관과 관련이 있을 것입니다. 그 상처는 우리가 그것을 향해 얼마나 열정적인지, 그것을 얼마나 진심으로 원하는지를 알려 주는 것일 수 있습니다.

상처와 아픔 속에서 찾을 수 있는 것은 진정한 강인함, 그리고 삶에 대한 깊은 애정과 열정입니다. 그것은 삶의 진정한 가치를 확인하는 순간이며, 그것을 통해 새로운 시작과 더 큰 성공을 찾을 수 있을 것입니다.

3. If you cannot do great thing, do small things in a great way. -Napoleon Hill-

품사 구분

If / You / Can / Not / Do / Great / Thing / Do / Small / Things / In / A / Great / Way

종속 접속사 / 2인칭 대명사 / 조동사 / 부정형 부사 / 동사 / 형용사 / 명사 / 동사 / 형용사 / 복수명사 / 전치사 / 한정사 / 형용사 / 명사

문장 성분

If you/종속절 주어부, Cannot do great thing/서술어부, Cannot do/서술어, Great thing/목적어, Do small things in a great way/주절 서술어부, Do/서술어, Small things/목적어, In a great way/전치사구

문장 구조

이 문장은 조건 종속절 "If you cannot do great thing"과 주절 "Do small things in a great way"가 결합된 복문(Complex Sentence)입니다.

조건 종속절 "If you cannot do great thing"은 주어+동사+목적어(S+V+O), 주절 "Do small things in a great way"는 주어가 생략된 명령형 동사+목적어(S+V) 구조를 이루고 있습니다. "In a great way"는 전치사구(Prepositional Phrase)로 "Small Things"를 수식하고 있습니다.

첫 번째 절 "If you cannot do great thing"에서 "thing"은 단수형으로 사용되었는데, 이는 '위대한 일'을 의미하며, 특별하거나 대단한 일, 역사를 바꾸는 같은 큰 사건을 의미합니다. 두 번째 절 "do small things in a great way"에서 "things"는 복수형으로 사용되었는데, 이는 '작은 일들'을 의미하며, 일상적인 생활에서 겪는 작은 일들을 의미하므로 두 절에서 단수와 복수로 사용된 "Thing"과 "Things"에 대한 의미 구분이 필요합니다.

의미 단위

If you cannot do / Great thing / Do small things / In a great way
만일 당신이 할 수 없다면 / 위대한 일 / 작은 일들을 하라 / 위대한 방식으로

문장 감상

If you cannot do great thing, do small things in a great way.
만일 당신이 위대한 일을 할 수 없다면, 작은 일들을 위대한 방식으로 처리하라.
만일 당신이 큰일을 할 수 없다면, 작은 일이라도 훌륭하게 수행하라.

작은 일을 '위대한 방식'으로 수행하는 것, 이것이야말로 우리 모두가 찾아야 할 '위대함'입니다. 무슨 일을 하는지가 아니라, 어떻게 그 일을 하는지가 중요합니다. 성실하게, 열심히, 최선을 다하면 그 어떤 일이라도 그 일을 통해 성취감을 느낄 수 있습니다. 이것이야말로 진정한 성공입니다. 큰일에만 집착하는 것이 아니라, 우리 주변에 존재하는 작은 일들에 대해 집중하고, 그것들을 '위대한 방식'으로 수행하면, 그것이 바

로 우리의 삶을 바꿀 수 있는 '위대한 일'이 될 것입니다.

　우리 주변에는 수행할 수 있는 작은 일들이 가득합니다. 그 작은 일들을 '위대한 방식'으로 처리하며 살아가다 보면, 자신도 모르게 '위대한 일'을 이루게 될 것입니다. 작은 일에서 찾아낸 '위대함'이야말로 가장 진정한 '위대함'입니다. 위대한 일을 할 수 없다 해도 절망하지 마세요. 작은 일들을 위대한 방식으로 해내는 당신은 그 자체로 완벽합니다.

4. You are what you repeatedly do, therefore excellence ought to be a habit not an action. -Aristotle-

품사 구분

You / Are / What / You / Repeatedly / Do / Therefore / Excellence / Ought / To / Be / A / habit / Not / An / Action

2인칭 대명사 / 복수형 be동사 / 관계대명사 / 2인칭 대명사 / 부사 / 동사 / 종속 접속 부사 / 명사 / 조동사 / 전치사 / 연결동사 / 한정사 / 명사 / 부정형 부사 / 한정사 / 명사

문장 성분

You/주어, Are what you repeatedly do/서술어부, What you repeatedly do/주격 보어 명사절, Therefore/접속 부사, Excellence/주어, Ought to be a habit not an action/서술어부

문장 구조

이 문장은 첫 번째 독립절 "You are what you repeatedly do"가 종속 접속 부사 "Therefore"로 종속절 "Excellence ought to be a habit not an action"을 연결하는 평서형 복문(Complex sentence)입니다.

"excellence" 앞에 한정사가 사용되지 않은 이유는 "excellence"가 일반적인 개념을 나타내기 때문입니다. 한정사는 특정한 명사를 지시하거나 한정하는 역할을 합니다. 즉, 'the', 'a', 'an' 등의 한정사가 앞에

붙은 명사는 특정한 대상이나 개체를 지칭하게 됩니다. "excellence"와 같은 추상적인 명사는 종종 일반적인 개념이나 상태를 나타내는 데 사용되므로, 특정한 대상을 지칭하는 것이 아니라면 한정사를 생략하는 경우가 많습니다. 이 문장에서 "excellence"는 특정한 우수성을 가리키는 것이 아니라, 일반적으로 우수성이라는 개념을 가리키고 있어 한정사를 사용하지 않고 있습니다.

"Ought"는 영어의 조동사 중 하나로, 도덕적 의무나 권고를 나타내는 데 주로 사용됩니다. "Should"와 비슷한 의미를 가지지만, "ought"가 가지는 강조 정도나 형식성은 맥락에 따라 다를 수 있습니다. "Ought" 다음에는 항상 "to"가 오고, 그 뒤에는 동사의 원형이 옵니다. "excellence ought to be a habit not an action"에서 "ought to be"는 '해야 한다'는 도덕적 의무를 나타내며, 이는 '우수성은 행동이 아닌 습관이 되어야 한다'는 강력한 권고의 의미를 내포하고 있습니다.

의미 단위

You are / What you repeatedly do / Therefore / Excellence ought to be / a habit / Not an action
당신은 ~이다 / 당신이 반복적으로 하는 그것이다 / 그러므로 / 탁월함은 ~여야 한다 / 습관 / 행동이 아닌

문장 감상

You are what you repeatedly do, therefore excellence ought to be a habit not an action.

당신은 당신이 반복적으로 하는 그것이며, 따라서 우수성(탁월함)은 행동이 아닌 습관이 되어야 한다.

우리는 우리의 행동에 의해 정의되며, 이러한 행동은 결국 우리의 성격, 가치, 그리고 삶의 방향을 결정합니다.

우리 삶에서 중요한 가치들 중 하나는 바로 "Excellence/우수성"입니다. 우수성이란 단순히 일회성의 행동이나 성취가 아닙니다. 우수성은 습관 즉, 지속적으로 반복되는 행동입니다. 당신이 누구이고, 당신이 무엇을 이룰 수 있는지는 그저 한 번의 노력이나 행동에 의해 결정되는 것이 아닙니다. 우리의 삶, 우리의 미래는 우리가 매일 반복적으로 실천하는 습관에 의해 결정됩니다.

습관은 우리의 일상적인 행동들, 즉 우리가 어떻게 생각하고, 어떻게 행동하고, 어떻게 반응하는지에 대한 패턴을 만듭니다. 이러한 패턴들은 시간이 지남에 따라 우리의 뇌에 깊이 각인되며, 우리가 어떻게 사고하고 행동하는지를 결정하게 됩니다. 습관은 우리의 사고와 행동의 패턴을 변화시키고, 우리의 뇌를 새롭게 '설정'하는 것을 의미합니다. 우리가 새로운 습관을 형성하면, 우리의 뇌는 이러한 변화에 적응하여 새로운 패턴을 만들어 냅니다. 이런 방식으로, 우리는 자신의 생각과 행동을 변화시키고, 우리의 삶을 향상시킬 수 있습니다.

5. If you are depressed, you are living in the past. If you are anxious, you are living in the future. If you are at peace, you are living in the present. —Chinese Philosopher Lao Tzu—

품사 구분

If / You / Are / Depressed / You / Are / Living / In / The / Past / Anxious / Future / At / Peace / Present

접속사 / 2인칭 대명사 / 연결동사 be의 복수형 / 과거분사 형용사 / 2인칭 대명사 / 연결동사 be의 복수형 / 현재분사 형용사 / 전치사 / 한정사 / 명사 / 형용사 / 명사 / 전치사 / 명사 / 명사

문장 성분

If you/조건절 주어부, Are depressed/조건절 서술어부, You/주절 주어, Are living in the past/주절 서술어부, In the past/전치사구, If you/조건절 주어부, Are anxious/조건절 서술어부, You/주절 주어, Are living in the future/주절 서술어부, If you/조건절 주어부, Are at peace/조건절 서술어부, You/주절 주어, Are living in the present/주절 서술어부

문장 구조

이 문장은 주어+동사+보어(S+V+C) 구조의 단문 형식 조건절과 주절

이 결합된 복문(Complex Sentence)입니다.

"if"를 사용한 조건절은 주로 "만약 ~라면, ~한다"의 형태로 표현되며, 'if' 다음에 오는 문장(조건절)이 참일 경우 그 결과로 뒤따르는 문장(결과절)의 내용이 발생한다는 것을 표현합니다. 이 경우, 특정 감정 상태가 주어졌을 때, 그 감정 상태가 지속적으로 유지될 경우를 가정하여 그에 따른 결과 상황을 설명하고 있습니다.

의미 단위

If you are / Depressed / You are / Living in the past / Anxious / Living in the future / At peace / Living in the present

만일 당신이 ~이라면 / 우울해지다 / 당신은 ~이다 / 과거에 살고 있다 / 걱정스럽다 / 미래에 살고 있다 / 평화롭다 / 현재에 살고 있다

문장 감상

If you are depressed, you are living in the past. If you are anxious, you are living in the future. If you are at peace, you are living in the present.

당신이 우울하다면, 당신은 과거에 살고 있는 것이다. 당신이 불안하다면, 당신은 미래에 살고 있는 것이다. 당신이 평온하다면, 당신은 현재에 살고 있는 것이다.

우리는 인생의 여정에서 다양한 감정을 겪습니다. 때로는 우울함에 빠지며 과거의 아픔에 연연하기도 합니다. 우리가 행한 잘못된 결정, 잃어버린 기회, 끝나지 않은 슬픔, 이 모든 것들이 과거에 우리를 붙잡아

둡니다. 과거는 우리에게 중요한 교훈을 가르쳐 주는 조용한 선생님이지만, 그것이 우리의 삶을 지배하게 된다면, 우리는 우울의 그림자 아래에서 빠져나오기 어렵게 됩니다.

불안감이라는 감정은 미래에 대한 두려움과 걱정에서 비롯됩니다. 아직 일어나지 않은 일에 대해 불안해하는 것은, 그 불확실성이 과도한 스트레스와 걱정을 가져오기 때문입니다. 미래는 알 수 없는 것이며, 그 알 수 없는 것은 우리의 마음을 불안하게 만듭니다. 미래에 대한 과도한 걱정은 현재의 생명력을 앗아 가고, 우리가 현재의 순간을 즐기는 것을 방해만 할 뿐입니다.

평온함은 현재에 집중함으로써 찾을 수 있습니다. 과거의 미련과 미래의 불안을 잠시 내려놓고, 지금 이 순간에 전념해 보십시오. 현재 순간을 즐기면, 여기 이 순간을 완전히 살아가는 것입니다. 현재 순간에 살아가는 것, 그것이 바로 우리 모두가 평온함을 느낄 수 있는 유일한 방법입니다. 이것이 바로 우리가 삶을 진정으로 누릴 수 있는, 모두가 행복해질 수 있는 길입니다.

6. Hope is like the sun, which never gives up shining even when the night is darkest. -Victor Hugo-

품사 구분

Hope / Is / Like / The / Sun / Which / Never / Gives up / Shining / Even / When / The / Night / Is / Darkest

명사 / 연결동사 / 전치사 / 한정사 / 명사 / 관계대명사 / 부정형 부사 / 구동사 / 동명사 / 부사 / 종속 접속사 / 한정사 / 명사 / be동사 단수형 / 최상급 형용사

문장 성분

Hope/주어, Is like the sun/서술어부, like the sun/주격 보어, Which never gives up shining even when the night is darkest/관계대명사절, Which(The sun)/주어, Never gives up/동사구, Shining/목적어, Even when the night is darkest/시간 부사절

문장 구조

이 문장은 주어+동사+보어(S+V+C) 구조의 주절과 관계대명사 "Which"가 이끄는 관계대명사절 이후 종속 접속사 "When" 이하 종속절로 이루어진 복문(Complex Sentence)입니다. 주절(Main Clause) "Hope is like the sun,"은 문장의 핵심 부분입니다. 여기서 "Hope"은 주어, "is"는 동사, 그리고 "like the sun"은 전치사구 주격 보어입니다. 관계대명사절(Relative Clause) "which never gives up shining even when the night is darkest"는 "the sun"에 대한 부연 설명입니다. "which"는 관계대명사로서 앞서 언급한 "the sun"을 가리키며, "never gives up shining"은 "which"에 대한 동사 구문입니다. 종속 접속사 "Even When"으로 시작되는 시간 부사절(Time Adverbial Clause): "even when the night is darkest"는 "가장 어두운 밤에도"라는 조건하에서 "태양이 빛나는 것을 포기하지 않는다/Which never gives up shining"이라는 사실을 강조합니다.

의미 단위

Hope is / Like the sun / Which never gives up shining / Even when the night is darkest

희망은 ~이다 / 태양과 같다 / 빛나는 것을 포기하지 않는 / 밤이 가장 어두울 때라도

문장 감상

Hope is like the sun, which never gives up shining even when the night is darkest.

희망은 태양과 같아, 밤이 가장 어두울 때라도 빛나는 것을 포기하지 않는다. 희망은 마치 태양과 같다, 가장 어두운 밤에도 빛을 내뿜고 있는 태양처럼, 희망은 그 빛을 잃지 않는다.

해는 하루의 어두운 시간인 밤에도 빛을 잃지 않습니다. 비록 지구의 반대쪽에서는 해를 볼 수 없을지라도, 해는 여전히 거기에서 빛나고 있

습니다. 우리가 해를 보지 못하는 것은 해가 없어진 것이 아니라, 단지 우리의 시점에서 잠시 보이지 않을 뿐이기 때문입니다.

희망도 어두운 시기에 우리를 빛내 주는 역할을 합니다. 우리가 어려움에 직면하고 있다고 해도, 희망이 있다면 그것은 우리를 지탱하고 더 나은 미래를 향해 나아가도록 도와줍니다. 희망은 우리가 아직 그 미래를 보지 못하더라도, 좋은 일들이 기다리고 있다는 믿음을 유지하게 해 줍니다.

"가장 어둠이 짙은 밤에도, 해는 뜨려고 기다리고 있습니다. 희망이란 그런 것입니다. 아무리 어두워도 꺼지지 않는 빛입니다. 그 어두운 밤을 빛내는 별처럼, 우리의 희망도 어둠 속에서 가장 밝게 빛날 것입니다."

제3장

문법 설명

제1절 품사/品詞/Word Classes

"품사(Word Class Or Part of Speech)"는 문장 속의 단어를 기능과 특성에 따라 나누어 놓은 문법적 구분입니다. 일반적으로 문장에서의 쓰임과는 관계없이 독립적으로 구분이 가능합니다. 일반적 종류는 명사, 대명사, 동사, 형용사, 부사, 접속사, 전치사, 감탄사의 8가지가 있습니다. 한정사를 포함시켜서 9품사라고 설명하기도 합니다. 단어는 문장 안에서 다양한 품사로 사용되기도 합니다. 이러한 다양성 때문에, 8품사니 9품사니 하는 문법 형식에 너무 얽매이지 말고 문장 안에서 단어가 가지고 있는 보이지 않는 의미의 연결 관계를 파악하는 것이 중요합니다.

이 책에서는 실전 문장 해석과 함께 품사에 대한 설명을 진행하였습니다. 문법 설명에서 한글로 표기된 용어의 설명만으로는 명확한 문법적 의미를 이해하기 어려운 경우가 있습니다. 문법 용어의 바르고 정확한 이해를 위해 "용어의 정의"에서는 품사의 한글 명칭에 한자와 영어 표기를 병행하며 설명을 진행하였습니다. 한자는 의미 글자이기 때문에 뜻하는 각 글자의 의미를 알고 있어야 깊이 있는 의미 파악과 학습이 가능합니다. 또한, 한글과 한자 문법 용어에 대한 이해도가 어느 정도 수준에 올라간다면 문법 용어를 원어로 공부하는 것을 권장합니다. 학습 인지 관련 사고를 영어로 해야 용어가 가진 본래의 의미를 깊이 있게 받아들일 수 있기 때문입니다.

"명사/名詞/Noun"는 사람, 장소, 사물, 개념 등을 나타내며, 형태에 관계없이 세상에 존재하는 모든 것들의 명칭을 나타내는 단어들의 문법 용어입니다. 대부분 문장의 주체나 목적어로 사용되며, 고유명사(특정 사람, 장소, 조직 등을 가리키는 이름)와 일반명사로 구분될 수 있습니다. 한자어로는 "명/名/이름"이라는 글자가 사용되었습니다. "Noun"이라는 단어는 라틴어 "nomen"에서 유래되었습니다. "Nomen"은 "name" 또는 "이름"이라는 의미를 가지고 있습니다. 영어에서 "noun"은 사람, 장소, 물건, 아이디어, 개념 등을 지칭하는 단어를 의미합니다. 즉, 이들 모두 이름을 가진 것들이므로, "noun"이라는 용어는 이러한 특성을 잘 반영하고 있으며, "noun"의 형성 원리는 라틴어 "nomen"의 의미를 따서 '이름을 가진 것'이라는 의미로 변화한 것으로 이해할 수 있습니다. "Noun/나운"과 "Name/네임"은 발음이 유사하여, 시간이 지남에 따라 파생된 단어라고 보면 됩니다. 유사한 소리(Sound)의 이러한 파생적 특성으로 인해 어감이라는 표현도 만들어지게 되었습니다. 영어를 이해하기 위해서는 기호와 발음에 대한 대략적인 느낌과 감각을 익혀 "영어에 대한 어감"을 키우는 노력도 필요합니다.

명사는 다양한 종류와 범주를 가지고 있습니다. 주요한 분류 기준은 다음과 같습니다.

일반명사(Common Nouns): 일반적인 사물, 개념, 집단 등을 지칭하는 명사입니다. 예를 들어 "book"(책), "car"(차), "dog"(개) 등이 일반명사에 해당합니다.

고유명사(Proper Nouns): 특정한 사물, 인물, 장소 등의 이름을 지칭하는 명사입니다. 이들은 대문자로 시작하며, 일반적으로 별도로 지칭되는 개체를 가리킵니다. 예를 들어 "John"(존), "London"(런던), "Microsoft"(마이크로소프트) 등이 고유명사에 해당합니다.

추상명사(Abstract Nouns): 물질적이지 않고 추상적인 개념, 감정, 상태 등을 지칭하는 명사입니다. 예를 들어 "love"(사랑), "happiness"(행복), "freedom"(자유) 등이 추상명사에 해당합니다.

집합명사(Collective Nouns): 여러 개체나 사물의 집단을 나타내는 명사입니다. 예를 들어 "family"(가족), "team"(팀), "herd"(무리) 등이 집합명사에 해당합니다.

가산명사(Countable Nouns): 개별적으로 셀 수 있는 명사로, 수량을 가리킬 수 있습니다. 예를 들어 "chair"(의자), "book"(책), "dog"(개) 등이 가산명사에 해당합니다.

불가산명사(Uncountable Nouns): 개별적으로 셀 수 없고 물질, 추상 개념 등을 나타내는 명사로, 수량을 직접적으로 가리키지 않습니다. 예를 들어 "water"(물), "information"(정보), "love"(사랑) 등이 불가산명사에 해당합니다.

이 외에도 보다 세부적인 명사의 분류나 다른 종류의 명사들도 있습니다. 명사는 언어에서 가장 중요하고 기본적인 품사 중 하나이며, 다양한 개체, 개념, 사물을 나타내는 데 사용됩니다.

"대명사/代名詞/Pronoun"은 다른 명사를 대신하여 사용되는 단어들에 대한 문법 구분 용어입니다. 한자어 '代'는 '대신하다'의 의미, '名'은 '이름' 혹은 '명사', '詞'는 '단어'를 의미합니다. 이들을 결합하면 '대신하는 이름의 단어'라는 의미가 됩니다. "Pronoun"이라는 단어는 라틴어에서 유래하였으며, 'pro-'와 'noun'이라는 두 부분으로 이루어져 있습니다. "pro-"는 라틴어에서 "for" 또는 "in place of"라는 의미를 가지고 있습니다. "noun"은 영어로 명사를 뜻하는 단어이며, 라틴어에서 유래된 것입니다. 라틴어에서 "nomen"이라는 단어는 "name"을 의미합니다. 따라서, "pronoun"은 원래 "for a noun" 또는 "in place of a noun"이라는 의미로, 다른 명사를 대신하는 단어라는 개념을 잘 나타내고 있습니다. 이는 대명사가 다른 명사를 대신하여 사용되는 품사라는 점을 반영한 것으로, 사물, 관념, 생각, 사건 등을 대신할 때 사용되는 명사를 의미합니다. 영어에서는 중복을 피하기 위해 앞 문장에서 이미 언급되거나 문맥상 서로 알고 있는 명사를 대신하여 대명사를 사용합니다. 예를 들어 "It, That, him, her, himself" 등 다양한 대명사가 있습니다. 이러한 대명사는 생략을 위해 사용되며, 영어에서는 중복을 피하는 데에 큰 중요성을 두기 때문에 이를 통해 표현이 간결하고 명확해지며, 읽는 사람들도 원하는 대상을 쉽게 이해할 수 있습니다.

명사는 다양한 종류와 범주를 가지고 있습니다. 주요한 분류 기준은 다음과 같습니다.

인칭 대명사(Personal Pronouns): 1인칭, 2인칭, 3인칭으로 구분되는 대명사입니다. 주로 사람을 가리키며, 사용자의 위치에 따라 변화합니다. 예를 들어, "I"(나), "you"(너/당신), "he"(그), "she"(그녀), "it"(그것), "we"(우리), "they"(그들) 등이 인칭 대명사에 해당합니다.

지시 대명사(Demonstrative Pronouns): 가리키는 대상을 가

리키는 대명사입니다. 예를 들어, "this"(이/이것), "that"(저/저것), "these"(이들/이것들), "those"(저들/저것들) 등이 지시 대명사에 해당합니다.

소유 대명사(Possessive Pronouns): 소유를 나타내는 대명사로, 소유 관계를 대신 표현합니다. 예를 들어, "mine"(나의 것), "yours"(너의 것), "his"(그의 것), "hers"(그녀의 것), "ours"(우리의 것), "theirs"(그들의 것) 등이 소유 대명사에 해당합니다.

상호 대명사(Reciprocal Pronouns): 둘 이상의 대상이 서로 상호작용하는 것을 나타내는 대명사입니다. 예를 들어, "each other"(서로), "one another"(서로) 등이 상호 대명사에 해당합니다.

관계대명사(Relative Pronouns): 이전 문장에서 언급된 대상을 가리키며, 부사절을 도입하는 역할을 합니다. 예를 들어, "who"(누구/그), "whom"(누구/그를), "which"(어느/그것), "that"(어느/그것), "whose"(누구의), "where"(어디), "when"(언제) 등이 관계대명사에 해당합니다.

이 외에도 보다 세부적인 종류의 대명사나 다른 유형의 대명사들이 있습니다. 대명사는 명사를 대체하여 문장을 간결하게 만들거나 반복을 피할 수 있는 유용한 품사입니다.

"동사/動詞/Verb"는 움직임이나 상태의 변화를 나타내는 단어들에 대한 문법 용어입니다. 동사는 시제에 따라 형태가 변하며, 주어와 목적어 사이의 관계를 나타냅니다. 한자로는 움직일 동(動) 자라는 글자가 사용됩니다. "Verb"라는 단어는 라틴어 "verbum"에서 유래되었습니다. "Verbum"은 "word"라는 뜻이며, 이 단어가 영어로 바뀌면서 "verb"라는 단어로 변환되었습니다. "Verb"라는 용어는 "신의 말씀, 단어"라는 어원을 가지고 있습니다. 신들의 말씀은 계속되고 끊어지지 않고 변화하기 때문에 움직임의 개념이 내포되어 있다고 볼 수 있습니다. 동사에는 "Is, Are, Looks, Smells"와 같이 주어와 보어(Complement)를 연결해 주는 "연결동사(Linking Verbs)"도 있습니다. 연결동사는 주어가 어떤 것인지를 설명하는 역할을 하며, 특정한 동작/Action을 나타내지는 않습니다. 동사를 구분할 때는 "동작 동사/Action Verb"와 연결동사를 구분해야 합니다. 연결동사/Linking Verb는 주어와 주격 보어(Subject Complement)를 연결해 주는 중요한 역할을 합니다. 이러한 차이점을 구분하여 이해하면 영어 문법 내에서 동사를 더욱 포괄적으로 이해할 수 있습니다.

영어 동사는 다양한 종류로 분류될 수 있으며, 주요한 분류 기준은 다음과 같습니다.

행위 동사(Action Verbs): 주체가 어떤 행동이나 동작을 수행하는 동사입니다. 예를 들어, "run"(달리다), "eat"(먹다), "write"(쓰다) 등이 행위 동사에 해당합니다. 행위 동사는 주체가 실제로 무언가를 하는 행동을 나타내는 데 사용됩니다.

상태동사(State Verbs): 주체의 상태, 조건, 감정, 성질 등을 나타내는 동사입니다. 예를 들어, "be"(이다), "seem"(~인 것 같다), "like"(좋아하다), "know"(알다) 등이 상태동사에 해당합니다. 상태동사는 주로 주체의 상태를 설명하고 표현하는 데 사용됩니다.

자동사(Intransitive Verbs): 주체가 목적어 없이 동사의 동작을 수행하는 동사입니다. 자동사는 주어가 동작의 직접적인 수행자이며, 수동태로 변환할 수 없습니다. 예를 들어, "sleep"(자다), "arrive"(도착하다), "fall"(떨어지다) 등이 자동사에 해당합니다.

타동사(Transitive Verbs): 주체가 동작을 수행하면서 목적어를 필요로 하는 동사입니다. 타동사는 주어가 동작의 직접적인 수행자이며, 수동태로 변환할 수 있습니다. 예를 들어, "read"(읽다), "eat"(먹다), "write"(쓰다) 등이 타동사에 해당합니다.

구동사(Phrasal Verbs): 동사와 부사 또는 전치사가 결합하여 새로운 의미를 갖는 동사입니다. 예를 들어, "break up"(이별하다), "turn on"(켜다), "look after"(돌보다) 등이 구동사에 해당합니다. 구동사는 전치사나 부사와 결합하여 단어의 의미가 크게 변하므로 주의가 필요합니다.

법조동사(Modal Auxiliary Verbs): 다른 동사와 함께 사용되어 동작의 가능성, 의무, 허가, 추측 등을 나타내는 동사입니다. 법조동사는 동사의 의미를 보완하거나 조건을 표현하는 역할을 합니다. 일반적으로 "can"(할 수 있다), "must"(해야 한다), "should"(해야 할 것이다) 등이 법조동사에 해당합니다.

완료 동사(Perfect Verbs): 동작이나 상태가 과거 시점에서 완료된 것을 나타내는 동사입니다. 완료 동사는 "have"와 동사의 과거분사 형태로 구성됩니다. 예를 들어, "have seen"(보았다), "have done"(했다), "have lived"(살았다) 등이 완료 동사에 해당합니다.

이 외에도 영어 동사는 시제와 문법적인 측면에서도 다양하게 구분될 수 있으며, 각 동사의 사용법과 의미는 문맥에 따라 달라집니다.

"형용사/形容詞/Adjective"는 주로 명사나 대명사의 형태, 용모, 모양 등을 상세하게 묘사하는 단어들의 문법 구분 용어입니다. 한자어 '形'은 '형태' 또는 '모양', '容'은 '담다' 또는 '포함하다', '詞'는 '단어'를 의미합니다. 따라서 이들을 결합하면 '형태를 담는 단어'라는 의미가 됩니다. "Adjective"라는 단어는 라틴어 "adjectivum"에서 유래되었습니다. 이 단어는 "ad-"와 "-jectivum"이라는 두 부분으로 나누어 볼 수 있습니다. "ad-"는 "to"나 "towards"라는 의미를 가집니다. "-jectivum"은 "thrown"이라는 의미의 라틴어 동사 "iacere"에서 파생되었습니다. 따라서 "-jectivum"은 "thrown towards"라는 의미를 가집니다. 따라서, "adjective"는 원래 "thrown towards"라는 의미로, 명사나 대명사에 '던져진' 혹은 '붙여진' 특성이나 상태를 나타내는 단어라는 개념을 잘 나타내고 있습니다. 예를 들어, "happy", "blue", "big" 등의 형용사는 명사나 대명사에 붙여서 그것의 특성이나 상태를 설명합니다. "Ad"는 "~로 향하는 것"을 의미하며, "Jective"는 "던지다"라는 의미를 갖고 있어 명사를 향하여 내용을 자세하게 설명하고 명사의 특성이나 상태를 묘사하기 위해 사용되는 품사라고 볼 수 있습니다. 형용사는 단순히 명사를 꾸며 주는 역할을 넘어서, 명사의 특성을 자세히 묘사하고 명사가 가지고 있는 의미를 좀 더 풍부하게 전달하기 위해 사용됩니다.

형용사는 주로 명사 앞에 오는 형태로 사용되어 명사를 보충하거나 한정하는 역할을 합니다. 형용사는 명사의 특성이나 속성을 더 자세히 설명하여 문장에서 좀 더 구체적인 정보를 전달하는 역할을 합니다. 예를 들어, "a beautiful flower"라는 문장에서 "beautiful"은 형용사로서 "flower"의 외모나 특성을 묘사하고 있습니다.

또한, 형용사는 비교급과 최상급 형태로 변형되어 사용될 수 있습니다. 이를 통해 두 개 이상의 대상을 비교하거나 가장 높은 정도를 나타낼 수 있습니다. 예를 들어, "She is taller than her sister"라는 문장에서 "taller"는 형용사의 비교급 형태로 사용되어 두 사람의 키를 비교하고 있습니다.

형용사는 또한 부사로 사용될 수도 있습니다. 부사로 사용될 때에는 동사나 형용사를 수정하여 그 정도를 나타냅니다. 예를 들어, "He runs very fast"라는 문장에서 "fast"는 부사로 사용되어 "runs"라는 동사의 속도를 설명하고 있습니다.

"부사/副詞/Adverb"는 형용사, 또는 다른 부사를 수식하며, 동작의 방식, 시간, 장소, 원인 등을 나타내는 단어들의 문법 구분 용어입니다. '副'는 '부차적인' 또는 '보조의', '詞'는 '단어'를 의미합니다. 따라서 이들을 결합하면 '보조의 단어'라는 의미가 됩니다. "Adverb"라는 단어는 라틴어 "adverbium"에서 유래되었습니다. 이 단어는 "ad-"와 "verbium"이라는 두 부분으로 나누어 볼 수 있습니다. "ad-"는 "to"나 "towards"라는 의미를 가집니다. "verbium"은 "verb", 즉 동사를 의미합니다. 따라서, "adverb"는 원래 "towards a verb"라는 의미로, 동사를 수식하는 단어라는 개념을 잘 나타내고 있습니다. 그러나 실제로 부사는 동사뿐만 아니라 형용사, 다른 부사, 문장 전체 등을 수식하기도 합니다. 예를 들어, "quickly", "very", "extremely" 등의 부사는 동사나 형용사, 또는 다른 부사의 의미를 변경하거나 강조하는 역할을 합니다. 이는 부사가 다른 단어(동사, 형용사, 또는 다른 부사 등)를 수식하거나 보충하는 품사라는 점을 반영한 것으로, 문법에서의 부사가 가진 역할과 기능을 잘 나타내고 있습니다. 예를 들어 "빨리", "매우", "아주" 등은 모두 다른 단어를 수식하는 부사입니다.

부사는 수식하는 내용에 따라 다양한 범주로 나눌 수 있으며, 다음은 부사의 주요 종류와 각각의 예시입니다.

시간 부사(Adverbs of Time): '언제'에 대해 설명해 줍니다. 예: "yesterday", "today", "now", "later", "soon" 등.

장소 부사(Adverbs of Place): '어디에서'에 대해 설명해 줍니다. 예: "here", "there", "everywhere", "upstairs", "downstairs" 등.

방법 부사(Adverbs of Manner): '어떻게'에 대해 설명해 줍니다. 이 부사는 종종 '-ly'로 끝나는 형용사에서 파생됩니다. 예: "slowly", "quickly", "carefully", "silently" 등.

빈도 부사(Adverbs of Frequency): '얼마나 자주'에 대해 설명해 줍니다. 예: "always", "often", "sometimes", "rarely", "never" 등.

정도 부사(Adverbs of Degree): '얼마나' 또는 '어느 정도'에 대해 설명해 줍니다. 예: "very", "quite", "extremely", "rather", "almost" 등.

의문 부사(Interrogative Adverbs): 질문을 하는 데 사용됩니다. 예: "where", "when", "why", "how" 등.

상호 부사(Reciprocal Adverbs): 상호 작용이나 반응을 나타냅니다. 예: "mutually", "reciprocally" 등.

　이 외에도 부사는 문장이나 다른 부사를 수식하는 등 다양한 방법으로 사용될 수 있습니다. 그리고 한 부사가 여러 범주에 속할 수도 있습니다. 예를 들어 "still"은 시간 부사로 사용될 수도 있고(예: "I am still working"), 방법 부사로 사용될 수도 있습니다(예: "Stand still").

　"전치사/前置詞/Preposition"는 명사 또는 대명사와 그것이 속한 문장의 다른 부분과의 관계를 나타내는 단어들의 문법 구분 용어입니다. 한자어 '前'는 '앞' 또는 '전', '置'는 '놓다' 또는 '배치하다', '詞'는 '단어'를 의미합니다. 따라서 이들을 결합하면 '앞에 놓는 단어'라는 의미가 됩니다. "Preposition"이라는 단어는 라틴어 "praepositio"에서 유래되었습니다. 이 단어는 "prae-"와 "positio"라는 두 부분으로 나누어 볼 수 있습니다. "prae-"는 "before"나 "in front of"라는 의미를 가집니다. "positio"는 "position"이라는 뜻으로, 라틴어 동사 "ponere"(놓다, 위치시키다)에서 파생되었습니다. 따라서, "preposition"은 원래 "placed before" 또는 "positioned before"라는 의미로, 다른 단어나 구문 앞에 위치하는 단어라는 개념을 잘 나타내고 있습니다. 실제로 영어에서 전치사는 명사, 대명사, 명사구, 문장 등 앞에 놓여서 그것과 다른 단어나 구문을 연결하는 역할을 합니다. 예를 들어, "on", "in", "at", "with", "from" 등은 전치사의 예입니다. 이들은 위치, 시간, 방향, 원인 등을 나타내는 데 사용됩니다. 이는 전치사가 문장에서 다른 단어나 구문 앞에 위치하여 그것과 명사, 대명사 등을 연결하는 역할을 하는 품사라는 점을 반영한 것으로, 문법에서의 전치사가 가진 역할과 기능을 잘 나타내고 있습니다.

전치사는 표현하는 관계나 개념에 따라 다양한 범주로 나눌 수 있으며, 다음은 전치사의 주요 종류와 각각의 예시입니다.

위치 전치사(Prepositions of Place): 위치나 방향을 나타냅니다. 예: "at", "in", "on", "near", "above", "below", "behind", "between" 등.

시간 전치사(Prepositions of Time): 시간을 나타냅니다. 예: "at", "in", "on", "before", "after", "during", "until" 등.

방향 전치사(Prepositions of Direction): 움직임의 방향을 나타냅니다. 예: "to", "into", "towards", "through", "across" 등.

원인/이유 전치사(Prepositions of Cause/Reason): 원인이나 이유를 나타냅니다. 예: "due to", "because of", "thanks to", "for" 등.

소유 전치사(Prepositions of Possession): 소유를 나타냅니다. 예: "of", "with" 등.

이 외에도 여러 종류의 전치사가 있을 수 있으며, 한 전치사가 여러 범주에 속할 수 있습니다. 예를 들어, "on"은 위치를 나타낼 때("on the table"), 시간을 나타낼 때("on Sunday"), 방향을 나타낼 때("on the right") 모두 사용될 수 있습니다.

"접속사/接續詞/Conjunction"는 단어, 구, 절 또는 문장을 서로 연결하는 역할을 하는 단어들의 문법 구분 용어입니다. 한자어 '接'는 '연결하다' 또는 '붙이다', '續'는 '이어 가다' 또는 '계속하다', '詞'는 '단어'를 의미합니다. 따라서 이들을 결합하면 '연결하여 이어 가는 단어'라는 의미가 됩니다. "Conjunction"이라는 단어는 라틴어 "coniunctio"에서 유래되었습니다. 이 단어는 "con-"과 "-iunctio"라는 두 부분으로 나누어 볼 수 있습니다. "con-"은 "together"나 "with"라는 의미를 가집니다. "-iunctio"는 "joining"이라는 의미로, 라틴어 동사 "iungere"(연결하다, 합치다)에서 파생되었습니다. 따라서, "conjunction"은 원래 "joining together"라는 의미로, 여러 단어나 구문을 연결하는 단어라는 개념을 잘 나타내고 있습니다. 실제로 영어에서 접속사는 문장이나 구문을 연결하는 역할을 합니다. 예를 들어, "and", "but", "or", "so", "because", "although" 등은 접속사의 예입니다. 이들은 단어, 구문, 문장 등을 연결하거나, 상관관계를 나타내거나, 대조를 나타내는 등 다양한 역할을 수행합니다. 이는 접속사가 문장 또는 문장 부분을 연결하는 역할을 하는 품사라는 점을 반영한 것으로, 문법에서의 접속사가 가진 역할과 기능을 잘 나타내고 있습니다.

접속사는 그들이 수행하는 기능에 따라 여러 범주로 나눌 수 있습니다. 다음은 접속사의 주요 종류와 각각의 예시입니다.

동위 접속사(Coordinating Conjunctions): 이들은 문장 중간에 두 개의 독립적인 절이나 단어를 연결합니다. 가장 일반적인 동위 접속사는 'FANBOYS'라는 약자로 기억할 수 있는 "for", "and", "nor", "but", "or", "yet", "so"입니다.

대등 접속사(Correlative Conjunctions): 이들은 두 개의 절을 서로 대응하게 연결합니다. 대등 접속사는 항상 쌍으로 나타나며, "either…or", "neither…nor", "both…and", "not only…but also" 등이 있습니다.

종속 접속사(Subordinating Conjunctions): 이들은 주절과 종속절을 연결하여 종속절이 주절에 종속되도록 합니다. 종속 접속사에는 "because", "although", "if", "until", "while" 등이 있습니다.

각 접속사는 문장 내에서 다른 요소들을 서로 연결하는 역할을 하며, 그 연결하는 방식에 따라 다른 종류로 분류됩니다. 한 접속사가 여러 범주에 속할 수도 있으며, 그 사용은 문장의 구조와 의미에 따라 달라집니다.

"감탄사/感歎詞/Interjection"는 갑작스러운 감정이나 반응을 나타냅니다. 대개 감탄사는 문장의 구조에 크게 의존하지 않으며, 'oh!', 'wow!', 'ouch!' 등이 있습니다. 이 한자어는 각 한자의 의미를 결합하여 형성된 용어입니다. '感'는 '느끼다' 또는 '감동하다', 한자어 '歎'는 '탄식하다' 또는 '감탄하다', '詞'는 '단어'를 의미합니다. 따라서 이들을 결합하면 '느낌이나 감탄을 나타내는 단어'라는 의미가 됩니다. "Interjection"이라는 단어는 라틴어 "interiectio"에서 유래되었습니다. 이 단어는 "inter-"와 "-iectio"라는 두 부분으로 나누어 볼 수 있습니다. "inter-"는 "between"이나 "among"이라는 의미를 가집니다. "-iectio"는 "throw"이라는 의미로, 라틴어 동사 "iacere"(던지다)에서 파생되었습니다. 따라서, "interjection"은 원래 "thrown in between"이라는 의미로, 문장이나 단어 사이에 끼워 넣는 단어라는 개념을 잘 나타내고 있습니다. 실제로 영어에서 감탄사는 감정이나 반응을 직접적으로 표현하는 단어나 구입니다. 일반적으로 문장 구조에 속하지 않으며, 대화나 글에서 강조나 의견 표현을 위해 사용됩니다. 예를 들어, "oh", "wow", "ouch", "uh-oh", "yikes" 등은 감탄사의 예입니다. 이들은 놀람, 고통, 실망, 기쁨 등 다양한 감정 상태를 표현합니다. 이는 감탄사가 감정, 감동, 놀라움 등을 표현하는 품사라는 점을 반영한 것으로, 문법에서의 감탄사가 가진 역할과 기능을 잘 나타내고 있습니다.

감탄사(interjection)는 주로 감정, 반응, 또는 소리를 표현하기 위해 사용되는 품사입니다. 그것들은 흔히 감탄사라고 부르는데, 이는 그들이 감탄이나 강렬한 반응을 표현하는 데 자주 사용되기 때문입니다.

감탄사는 그들이 표현하는 감정이나 상황에 따라 여러 범주로 나눌 수 있습니다.

기쁨을 표현하는 감탄사: "Yay!", "Hooray!", "Wow!" 등.
놀라움이나 경악을 표현하는 감탄사: "Oh!", "Wow!", "Yikes!" 등.
통증이나 불편함을 표현하는 감탄사: "Ouch!", "Uh-oh!", "Eek!" 등.
동의나 이해를 표현하는 감탄사: "Uh-huh", "Right", "Yep", "Okay" 등.
감사를 표현하는 감탄사: "Thanks", "Cheers", "Much obliged" 등.
부정적인 반응을 표현하는 감탄사: "No", "Uh-uh", "Nah" 등.
허락이나 요청을 표현하는 감탄사: "Please", "Pardon", "Excuse me" 등.

감탄사는 문장 내에서 독립적으로 사용되거나, 다른 단어와 결합하여 더 복잡한 감정이나 반응을 표현할 수 있습니다. 그들은 일반적으로 문법적인 구조에 속하지 않으며, 대신 감정적 반응이나 상황적인 요소를 직접적으로 표현하는 데 사용됩니다.

"한정사/限定詞/Determiner"는 명사 앞에 위치하여 그 명사가 가리키는 사람, 사물, 개념 등의 범위를 한정하거나 지정하는 역할을 하는 단어들의 문법 구분 용어입니다. 한자어 '限'은 '제한하다', '定'은 '정하다', '詞'는 '단어'를 의미합니다. 따라서 이들을 합치면 '제한하거나 정하는 단어'라는 의미가 됩니다. "Determiner"라는 단어는 라틴어 "determinare"에서 유래되었습니다. "Determinare"는 "limit", "set boundaries", "define", "establish", 또는 "fix"와 같은 의미로, 결정하거나 한정하는 것을 의미합니다. 이 단어는 "de-"와 "-terminare"라는 두 부분으로 나누어집니다. "de-"는 "from" 또는 "off"의 의미를 가집니다. "-terminare"는 "to set boundaries" 또는 "to limit"를 의미하며, "terminus"라는 라틴어 단어에서 유래되었습니다. "Terminus"는 "end", "limit", "boundary"를 의미합니다. 따라서 "determiner"는 원래 "something that sets boundaries or limits"라는 의미를 가집니다. 이러한 의미는 영어 문법에서의 "determiner"의 역할을 잘 나타냅니다. "Determiner"는 명사 앞에 위치하여 해당 명사가 가리키는 것의 범위를 한정하거나 지정하는 역할을 합니다. 이는 특정 개체를 식별하거나 수량을 지정하는 등, 명사의 의미를 한정하는 데 중요한 역할을 합니다. 예를 들어 "그", "이", "저" 등은 한정사의 예로, 특정 명사를 더욱 구체적으로 지정하거나 한정하는 역할을 합니다.

한정사는 크게 아래와 같이 여러 종류로 분류될 수 있습니다.

관사(Articles): "a", "an", "the"와 같은 단어로, 특정한 것이나 일반적인 것을 지정합니다.

소유격 대명사(Possessive Pronouns): "my", "your", "his",

"her", "its", "our", "their"와 같은 단어로, 소유관계를 나타냅니다.

지시 대명사(Demonstrative Pronouns): "this", "that", "these", "those"와 같은 단어로, 위치나 순서를 나타냅니다.

수량사(Quantifiers): "some", "any", "many", "much", "few", "little", "all", "both", "half" 등과 같은 단어로, 수량을 나타냅니다.

의문 한정사(Interrogative Determiners): "which", "what"과 같은 단어로, 질문에서 사용됩니다.

상호 대명사(Reciprocal Pronouns): "each other", "one another"와 같은 표현으로, 상호 작용을 나타냅니다.

한정사는 특정 명사의 양, 소유, 위치 등을 명확히 지정하거나 한정하는 데 사용됩니다. 이들은 문장에서 중요한 역할을 하며, 명사를 보다 정확하고 특정하게 표현하는 데 도움을 줍니다.

한국식 문법 용어는 대부분 일본식 문법 용어를 사용하였기 때문에 개념을 명확히 이해하고 학습하는 것이 쉬운 과정은 아닙니다. 또한, 일본식 문법 용어는 한자어로 이루어져 있어 학습자들에게 이해의 어려움을 줄 수 있습니다. 한자의 의미를 알지 못하는 경우에는 문법 용어의 참뜻을 숙지하기가 어려울 수 있으며, 이로 인해 학습자들은 문법 용어를 제대로 이해하지 못한 채 학습을 진행하여 영어 학습을 포기하는 경우가 많이 있습니다. 따라서, 한국인들이 일본식 문법 용어를 사용할 때는 개념의 명확성과 학습의 용이성을 고려하여 영어 원어를 동시에 사용하는 것이 바람직합니다.

문법을 공부할 때는 "품사/Word Class"와 "문장 성분/Sentence Element"의 구분에 주의해야 합니다. 이 두 용어를 혼용하여 사용할 경우 문법 설명의 이해가 어려울 수 있습니다. 독자들은 품사와 문장 성분의 구분에 주의를 기울이면서 이 책을 공부해야 합니다. 문장의 의미를 효율적으로 이해하기 위해서는 품사의 구분보다는 "문장 성분/Sentence Element" 분석이 독해에 더 도움이 될 수 있습니다. 독해의 과정에서 품사, 문장 성분 등 문법 용어에 대한 구조적 구분이 목적이 되어서는 안 되며, 실전 문장을 통한 문장의 의미 파악 과정에서 품사나 문장 성분 등 문법적 기준이 자연스럽게 습득되도록 노력해야 합니다.

제2절 문장 성분/文章 成分/ Sentence Elements

영어에서 "문장 성분"을 표현하는 용어는 "Parts of Sentence" 또는 "Sentence Elements" 등이 있습니다. 이 책에서는 용어의 통일을 위해 "Sentence Elements"를 사용하였습니다.

영어의 "완전한 문장 구조/Complete Sentence Structure"는 일반적으로 주어(subject)와 서술어(predicate)로 나눌 수 있습니다. 기본적인 구성 구조인 주어(subject)와 서술어(predicate)는 문장의 의미를 형성하는 핵심적인 역할을 수행합니다. 이 때문에, 문장을 대할 때는 항상 주어(Subject)부와 서술어(Predicate)부에 대한 구조적 구분과 의미 파악에 주의를 기울여야 합니다.

주어와 서술어는 단어가 아닌 구(Phrase)나 절(Clause)로 구성되는 경우가 많이 있습니다. 한국어 문법 용어에서 주어와 서술어를 떠올리면 흔히 단어(Word)만 생각할 수 있는데 단어들이 모인 구(Phrase)나 절(Clause)도 주어(Subject)와 서술어(Predicate)가 될 수 있다는 점도 구분하여 기억할 필요가 있습니다. 이러한 구분을 위하여, 이 책에서는 문장 성분이 단어일 경우는 구분에 따라 각각 "주어/主語"와 "서술어/敍述語"로 표기하고, 구 또는 절(2개 이상의 단어)일 경우는 "주어부/主語部", "서술어부/敍述語部"로 구분하여 표기하였습니다.

"서술어/서술어부/Predicate"는 일반적으로 동사만을 생각할 수 있습니다. 하지만 의미의 완전한 전달이라는 서술어부의 기능을 고려할 때, 목적어나 보어부까지 포함되어야 함이 타당해 보입니다. 이 때문에 이 책에서의 "Predicate(서술어/서술어부)"는 "Subject(주어/주어부)"를 제외한 모든 문장 요소로 개념 정의를 하고 있으며, 일반적인 다른 문법 이론과는 다르게 목적어, 보어, 수식어 등을 "Predicate(서술어/서술어부)"에 포함시켜 설명을 진행하였다는 점을 기억하길 바랍니다.

"주어/주어부/Subject"는 문장에서 어떤 사람, 사물, 개념 등의 동작이나 상태의 주체를 나타냅니다. "주어/주어부"는 대부분 문장의 처음에 위치하지만, 의문문이나 강조 구조에서는 동사 다음에 오기도 합니다.
"John eats an apple"에서 "John"은 주어로서 '누가 사과를 먹는가'에 대한 주체를 나타냅니다. "The book is on the table"에서 "The book"은 주어로서 '무엇이 테이블 위에 있는가'에 대한 주체를 나타냅니다.
"서술어/서술어부/Predicate"는 주어에 대한 정보를 제공하거나 주어가 수행하는 동작을 설명하는 부분입니다. "서술어/서술어부"는 항상 동사를 포함하며, 때로는 보어, 목적어, 수식어 등 다른 문장 성분을 포함할 수 있습니다.
예를 들어, "John eats an apple"에서 "eats an apple"은 서술어부로서 주어인 John이 수행하는 동작을 설명합니다. 이 경우, "eats"는 동사이고 "an apple"이 목적어입니다. 또한, "The book is on the table"에서 "is on the table"은 서술어부로서 주어인 "The book"의 위치를 나타냅니다. 이 경우, "is"는 동사이고 "on the table"은 전치사구 수식어입니다.

"주어/주어부"와 "서술어/서술어부"는 문장의 기본적인 구조를 형성하며, 이 두 요소를 통해 문장의 주요 의미를 파악할 수 있습니다.

영어의 문장 구성 요소는 주어, 동사, 목적어, 보어, 전치사구, 부사, 접속사, 형용사, 대명사, 관계사, 부정사, 동명사, 분사 등 다양한 형태가 있습니다. 품사 용어와 중복되는 용어들이 포함되어 있어 학습에 혼란을 줄 수 있으나, 품사도 문장 성분의 구성 요소 중 일부분으로 이해하며 "문장의 구성"이라는 큰 틀에서 하나라는 점을 인식하며 학습해 보기를 권장합니다.

문장 기본 구성 요소인 주어부와 서술어부는 여러 가지 문장 구성 요소를 포함하고 있는 경우가 많고 이러한 각 요소들이 조합되어 다양한 형태와 의미의 문장을 만들어 냅니다.

영어 문장 구성 요소 각 성분에 대한 설명은 다음과 같습니다.

"주어(Subject)"는 문장의 동작이나 상태의 주체를 나타냅니다. 보통 문장의 처음에 위치하며, 단수형이나 복수형으로 표현될 수 있습니다. "The cat is on the table"에서 "The cat"이 주어입니다.

"동사(Verb)"는 문장에서 동작, 상태, 관계 등을 나타내는 중심 요소입니다. 동사는 주어와 호응하여 변화하며, 시제를 표현하는 데 중요한 역할을 합니다. "He plays the piano"에서 "plays"가 동사입니다.

"목적어(Object)"는 동사의 동작을 받는 대상을 의미합니다. 직접 목적어와 간접 목적어 두 종류가 있습니다. 예를 들어 "She gave him a present"에서 "him"이 간접 목적어, "a present"가 직접 목적어입니다.

"보어(Complement)"는 주어나 목적어의 추가적인 정보를 제공합니다. 주어나 동사를 보충하여 그 뜻을 완성하는 역할을 합니다. "He is a teacher"에서 "a teacher"가 보어입니다.

"수식어(Modifier)"는 명사, 동사, 형용사, 부사 등을 수식하거나 그 의미를 보충합니다. "Tom reads a book quickly"에서 'quickly'는 동사 'reads'를 수식하는 수식어입니다.

"전치사구(Prepositional phrase)"는 전치사와 그 목적어, 그리고 목적어의 수식어로 구성됩니다. 장소, 방향, 시간, 원인 등을 나타내며 문장 내에서 명사, 동사, 형용사, 부사 등을 수식합니다. "She is at the park"에서 "at the park"가 전치사구입니다.

"부사(Adverb)"는 동사, 형용사, 다른 부사 또는 전체 문장을 수식합니다. 동작의 방법, 시간, 장소, 원인, 정도 등을 나타냅니다. "He runs quickly"에서 "quickly"가 부사입니다.

"접속사(Conjunction)"는 두 개 이상의 단어, 구, 문장을 연결합니다. 그리고, 동등한 관계(coordinating conjunctions)를 나타내거나, 종속적인 관계(subordinating conjunctions)를 나타냅니다. "I ate lunch and took a nap"에서 "and"가 접속사입니다.

"형용사(Adjective)"는 명사나 대명사를 수식하며, 그것의 특성이나 상태를 설명합니다. "She is a beautiful woman"에서 "beautiful"은 형용사입니다.

"대명사(Pronoun)"는 다른 명사나 명사구를 대체하는 단어입니다. "I", "you", "he", "she", "it", "we", "they" 등이 대명사에 해당하며, "He is my friend"에서 "He"는 대명사입니다.

"관계대명사(Relative Pronoun)" 관계사는 복합문에서 앞의 문장(주절)과 뒤의 문장(종속절)을 이어 줍니다. "who", "whom", "whose", "that", "which" 등이 이에 해당하며, "The man who lives next door is a doctor"에서 "who"는 관계대명사입니다.

"부정사(Infinitive)"는 "to"와 원형동사로 이루어져 있으며, 명사, 형용사, 부사 등의 역할을 합니다. "I want to eat pizza"에서 "to eat"은 부정사입니다. 이 용어는 라틴어에서 유래되었는데, 원래의 라틴어 용어 'infinitivus'는 '제한되지 않은'이라는 의미를 가지고 있습니다. 영어에서 부정사는 동사의 기본형을 가리키며, "to"와 함께 사용되는 경우가 많습니다. 예를 들어 "to eat", "to read", "to run" 등이 그것입니다. 하지만 모든 부정사가 "to"로 시작하는 것은 아닙니다. 예를 들어, "He helped her find the book"에서 'find'가 부정사입니다. 부정사(Infinitive)의 한자어는 "不定詞"입니다. "不定"은 '결정되지 않은' 또는 '정해지지 않은'을 의미하며, "詞"는 '단어'를 의미합니다. 따라서 "不定詞"는 '정해지지 않은 단어'라는 의미로, 영어의 'Infinitive'를 표현하기 위해 사용됩니다. 부정사라는 이름이 붙은 이유는, 이 형태의 동사가 명확한 시제, 인칭, 수 등에 '제한되지 않는다'는 뜻에서입니다. 즉, 부정사는 그 자체로는 시제나 인칭, 수 등의 구체적인 변화를 가지지 않습니다. 이것이 부정사(Infinitive)라는 이름의 유래입니다.

"동명사(Gerund)"는 원형 동사 뒤에 '-ing'를 붙여 만들며, 명사의 역할을 합니다. 문장에서 주어, 목적어, 보어 또는 전치사 뒤의 명사 등으로 사용될 수 있습니다.

"Gerund"는 라틴어 'gerundium'에서 유래되었습니다. 이 단어는

"수행되는 것" 또는 "진행 중인 것"이라는 의미를 가지며, 그 자체는 라틴어 동사 'gerere'에서 파생되었습니다. 'gerere'는 "진행하다" 또는 "수행하다"라는 의미를 가집니다.

동명사는 동사의 기능을 가지고 있기 때문에 동사처럼 목적어를 받거나 부사를 수반할 수도 있습니다. 예를 들어: "She is good at swimming quickly." 여기서 'swimming quickly'는 동명사 구문이며, 'quickly'는 'swimming'을 수식하는 부사입니다.

"분사(Participle)"는 원형 동사에 '-ing', '-ed', '-en' 등을 붙여 만들며, 형용사 또는 부사의 역할을 합니다. 예를 들어 "The broken window was repaired"에서 "broken"은 과거분사입니다. 이 용어는 라틴어의 'participium'에서 유래되었습니다. 라틴어에서 'participium'은 '참가하다'라는 뜻의 동사 'participare'에서 파생되었는데, 이것이 동사와 형용사 양쪽의 성질을 '참가'하거나 '분담'한다는 의미에서 사용되었습니다. 영어에서 분사는 동사의 변형된 형태로, 보통 형용사나 부사처럼 사용됩니다. 분사는 보통 현재분사(현재동사의 원형 뒤에 -ing를 붙인 형태)와 과거분사(보통 동사 원형 뒤에 -ed를 붙이지만 불규칙 동사는 변형 형태가 다양함)의 두 가지 형태가 있습니다. 예를 들어, "The running water is cold"에서 'running'은 현재분사로, 'water'라는 명사를 수식하는 형용사 역할을 합니다. 또한 "I have finished the work"에서 'finished'는 과거분사로, 'have'라는 조동사와 함께 완료 시제를 형성하는 동사의 일부로 사용되었습니다.

"分詞"는 분사(Participle)를 뜻하는 한자어입니다. "分"은 '나누다', '분할하다'를 의미하고, "詞"는 '단어'를 의미합니다. "분/詞"는 한 단어가 여러 역할을 나누어 수행한다는 의미로 해석될 수 있습니다. 분사는 그 자체로는 동사지만 형용사나 부사처럼 문장 내에서 기능하는 특징을 가지고 있습니다. 이러한 다양한 기능을 '분할'하여 수행한다는 의미에서 "分詞"라는 한자어를 사용하게 되었습니다.

제3절 기타 문법 용어/ Other Grammatical Terms

영어 문법에는 품사와 문장 성분에 대한 용어들뿐만이 아닌, 다양한 종류의 문법 개념과 용어들이 사용되고 있습니다. 이에는 문장 전체에서 부분을 구분하는 관사/冠詞/Article, 단수와 복수의 개념을 담은 '수/數/Number', 시제가 없고 원형동사가 사용되는 부정동사/不定動詞/Infinitive Verb, 대화 속에서 말하는 사람이 자신인지 상대방인지 제3자인지 등을 구분하는 '인칭', 과거, 현재, 미래를 구분하는 '시제/時制/Tense', 수동과 능동을 나타내는 '태/態/Voice', 단어의 성분이 바뀌게 되는 '격/格/Case', 화자의 말하는 태도를 나타내는 '법/法/Mood', 그 밖에 '사역/使役/Causative', '완료/完了/Perfection', '분사/分詞/Participle', '재귀대명사/再歸代名詞/Reflexive Pronoun', '구/句/Phrase', '절/節/Clause', '단문/短文/Simple Sentence', '중문/中文/Compound Sentence', '복문/複文/Complex Sentence', '혼합문/混合文/Compound-Complex Sentence' 외, 문장의 완료나 계속 등을 기호로 나타내는 마침표(Period/Full Stop) "." 쉼표/콤마(Comma) "," 콜론(Colon) ":" 세미콜론(Semicolon) ";" 등이 포함된 구두점 규칙 (Punctuation Rules) 등 다양하고 복잡한 문법 개념들과 용어들이 있습니다.

문법 설명을 바르게 이해하려면 영문법에서 사용되는 다양한 용어들의 정의와 기능을 명확히 파악해 둘 필요가 있습니다. 하지만, 현재 사용되고 있는 한글식 문법 용어는 대부분 일본식 문법 용어를 그대로 사용하고 있어 소리글자인 한글식 문법 용어만으로는 전달하고자 하는 개념의 설명과 이해가 어려울 수 있습니다.

본 절에서는 이러한 어려움을 줄이고 문법 용어의 바르고 명확한 이해를 위해 한글, 한자, 영어를 병용하여 용어의 개념을 설명하였습니다. 본문의 해석과 설명 시 사용된 한글 용어의 의미가 불명확해질 때마다 본 장에 설명된 한자와 영어 어원 설명을 복습하고 상기하며 문법 설명에 대한 이해와 학습을 진행해 보기를 바랍니다.

"관사/冠詞/Article"는 우리 한국인이 영어를 배울 때 가장 어려워하는 문법 개념 중 하나입니다. 단지 '관사'라는 한글 용어만으로는 문법적 특징을 이해하기 어려울 수 있습니다. 영어는 표현의 구체성을 요구하는 언어로, 어떤 것이 하나인지 둘인지, 내가 알고 있는지 다른 사람이 알고 있는지 등을 구체적으로 표현해야 합니다. 이 구체성을 나타내기 위해 'A'나 'The'와 같은 단어를 사용하며, 이러한 구체성을 나타내는 기능적 특성 때문에 이들을 '관사'라고 부릅니다. 일반적으로 분류되는 8품사 또는 9품사 중 '관사'는 한정사에 포함시켜 이해하면 됩니다. 이러한 품사의 분류는 꼭 8개 또는 9개로 나눠야 하는 것은 아니며, 품사를 범주화하여 구분하기 위한 방법일 뿐이라는 것만 알고 있으면 됩니다.

관사는 문장 속의 명사를 구체화하고 한정하는 역할을 합니다. 'a book', 'the book', 'the books'를 한국어로 번역하면 '하나의 책', '그 책', '그 책들'이 됩니다. 이는 우리가 한국어로 문장을 만들 때 그다지 중요하게 생각하지 않는 부분이기에 이해하기 어려운 부분입니다.

'Article'이라는 영어 단어의 어원은 라틴어 'articulus'에서 유래되었는데, 이 단어의 원래 의미는 '작은 부분'이나 '특정한 부분'이었습니다. 이 단어는 중세 유럽에서 법률 문서나 선언문 등에서 한 부분을 가리키는 데 사용되었고, 이러한 사용법이 영어 문법의 'article'에도 반영되었습니다. 따라서 'article'은 문장 내에서 명사를 한정하고, 그 명사가 가리키는 것이 일반적인 것인지, 특정한 것인지를 구분하고 한정하는 '작은 부분'이라는 의미를 가지게 되었습니다.

'관사/冠詞'라는 단어의 한자 '관/冠'의 의미를 이해하면 이 문법 용어를 이해하는 데 도움이 될 것입니다. '冠' 자는 '갓'을 '쓰다'라는 의미를 가지며, 덮을 멱/冖, 으뜸 원/元, 마디 촌/寸이라는 세 가지 한자가 결합하여 만들어졌습니다. 무언가를 덮고, 마디로 나누고 구체화하면 으뜸인 것이 확실하게 구별되기 때문에 '관/冠' 자를 사용하였다고 보면 됩니다.

영어에서는 크게 두 가지 종류의 관사를 사용합니다.

정관사(the): 정관사는 특정한 사람이나 물건, 개념 등을 가리킬 때 사용합니다. 이는 이전에 언급되었거나, 문맥상 특정할 수 있는 경우에 사용됩니다. 예를 들어, "The dog is barking"에서 'the'는 이미 언급되었거나, 문맥상 특정할 수 있는 개를 가리킵니다.

부정관사(a, an): 부정관사는 불특정한 사람이나 물건, 개념 등을 가리킬 때 사용합니다. 즉, 특정하지 않은 개체를 일반적으로 언급할 때 사용합니다. 'a'와 'an'의 차이는 다음 단어의 첫 글자가 모음인지 자음인지에 따라 결정됩니다. 예를 들어, "I have a cat"에서 'a'는 불특정한 고양이를 가리키며, "I saw an elephant"에서 'an'은 불특정한 코끼리를 가리킵니다.

　이러한 관사의 사용은 영어 문장에서 명사의 구체성과 한정성을 나타내는 데 중요한 역할을 합니다. 그러나 한국어와 같이 관사가 없는 언어를 사용하는 사람들에게는 이해하기 어려운 개념일 수 있습니다. 이러한 차이를 이해하고 영어 문장에서 관사의 사용을 익히는 것은 영어 실력 향상에 큰 도움이 됩니다.

　"수/數/Number"는 문장 안에서 주로 명사들의 숫자를 구분하는 문법 개념입니다. 명사가 하나이면 단수/單數/Singular 형태이고, 두 개 이상이면 복수/複數/Plural 형태가 됩니다. 동사에도 단수형과 복수형이 있습니다. 상태동사인 'be'동사의 단수형은 "is"이고 복수형은 "are"입니다. 문장 안에서 명사의 수/數/Number 형태 변화는 뒤따르는 동사의 형태에도 영향을 미칩니다. 문장 안에서 단어들 간의 상호 연결 관계에 대한 규칙이 문법이며 이 연결 관계를 파악하고 이해하는 것이 문법 공부의 핵심입니다.
　한국어에는 이러한 수/數/Number의 개념이 없어도 문장이 완성되는 경우가 많지만, 영어에서는 철저하게 수/數/Number 사용에 대한 규칙을 지켜야 합니다. 문장 안에서 명사가 단수인지 복수인지를 인식하면 관사의 사용과 뒤따르는 동사의 형태 변화도 쉽게 파악할 수 있습니다. 따라서, 수/數/Number의 개념을 이해하고 명사의 수를 인식하는 것은 영어 문법을 정확히 이해하고 사용하는 데 중요하고 필요한 과정입니다.

단수(Singular): 단수는 하나의 개체를 나타내며, 대명사로는 "I"(나), "you"(너/당신), "he"(그), "she"(그녀), "it"(그것) 등이 있습니다. 명사의 경우 대부분 기본 형태로 단수를 사용하며, 복수로 변환되지 않습니다. 예를 들어 "book"(책), "dog"(개), "car"(차) 등은 단수 형태입니다.

복수(Plural): 복수는 둘 이상의 개체를 나타냅니다. 명사의 경우 복수 형태로 변환하기 위해 다양한 규칙이 존재합니다. 대표적인 규칙은 다음과 같습니다.

대부분의 명사는 복수 형태로 "s"를 추가합니다. 예를 들어 "books"(책들), "dogs"(개들), "cars"(차들) 등이 있습니다.

"s", "x", "sh", "ch"로 끝나는 명사는 복수 형태로 "es"를 추가합니다. 예를 들어 "boxes"(상자들), "watches"(시계들), "bushes"(덤불들) 등이 있습니다.

"y"로 끝나는 명사는 "y"를 "ies"로 바꾸어 복수 형태를 만듭니다. 예를 들어 "countries"(나라들), "babies"(아기들) 등이 있습니다.

일부 명사는 형태가 변하지 않고 복수로 사용됩니다. 예를 들어 "sheep"(양), "deer"(사슴), "fish"(물고기) 등은 복수 형태로도 사용될 때 동일한 형태를 가집니다.

복수 형태는 단수 형태와 구분되어 여러 개체를 나타내기 위해 사용되며, 문장의 의미를 명확히 전달하는 데 중요한 역할을 합니다. 수에 대한 명확한 이해와 구분은 영어 문장을 구성하고 이해하는 데 필수적인 선행 학습 내용입니다.

"부정동사/不定動詞/Infinitive Verb"(한국식 문법 용어는 "부정사"이나 이 책에서는 용어 개념의 명확성을 위해 "부정동사"로 표기함)는 인칭이나 수에 영향을 받지 않고 시제를 가지고 있지 않으며 문장 안에서 원형으로 사용되는 동사들에 대한 문법 개념 용어입니다. 부정동사/不定動詞/Infinitive Verb는 문장에서 주요 동사/Main Verb로는 사용되지 않으며 명사적, 형용사적, 부사적으로 사용됩니다.

"Infinitive"라는 단어는 라틴어인 "Infinitivus"에서 유래되었습니다. "Infinitivus"는 "제한받지 않는/Not limited"이라는 의미를 가지고 있어 인칭이나 수에 영향을 받지 않고 동사가 원형으로 사용되는 경우의 문법 용어로 쓰이게 되었습니다. 형용사인 "Infinite"는 "~이 아닌/Not"을 의미하는 접두어 "In~"과 "한정된/Limited"을 의미하는 접미어 "~Finitus"가 결합하여 이루어진 단어입니다.

한자어 "不定動詞"에서 "不定"은 한자로 '정해지지 않은' 또는 '불확정'을 의미합니다. 이는 부정동사가 다양한 문맥에서 다양한 역할을 수행하며 동사의 원형으로 문장 안에서 명사, 형용사, 부사 등으로 그 기능이 "정해지지 않고" 사용되고 있기 때문에 채택된 용어로 이해하면 됩니다.

영어의 "부정동사/Infinitive verb"는 Infinitive Marker인 "To"가 사용되고 있는지 여부에 따라 "To infinitive verb/To부정동사"와 "Zero or Bare Infinitive/원형 부정동사"로 구분되며 다음과 같은 특성을 가지고 있습니다.

"Full Infinitive(to를 포함하는 부정동사)"는 'to'+기본형 동사로 구성됩니다. 예를 들어 "to eat", "to run", "to sleep" 등이 있습

니다. 이 형태는 목적, 이유, 예정 등을 나타낼 때 사용되며, 특정 동사, 형용사, 명사 뒤에서도 사용될 수 있습니다. (예: He plans to eat dinner early. 예: She is happy to see you. 예: I have a desire to learn.)

"Zero/Bare Infinitive"(to를 포함하지 않는 부정사) 'to' 없이 기본형 동사만 사용합니다. 예를 들어 "run", "eat", "sleep" 등이 있습니다. 이 형태는 주로 동사의 명령, 요청, 허용, 금지 등을 나타낼 때 사용되며 사역 등 특정 동사(예: let, make, help 등) 뒤에서도 사용될 수 있습니다. (예: She made him do the dishes. 예: He let us enter the room. 예: I heard him sing.)

"to"는 영어에서 여러 가지 문법적 기능을 가지고 있습니다. 전치사로 사용되어 "to the store", "to him" 등과 같이 목적어를 동반하는 문장을 만들 수 있습니다.

그러나 "to"가 To부정동사(to infinitive verb)를 구성하는 경우, 이 "to"는 전치사로 분류되지 않습니다. "To"는 이 경우 문법적으로 특별한 역할을 하며, 동사의 원형 앞에 위치하여 그 동사가 "부정동사/不定動詞"임을 나타냅니다. 이 경우의 "To"를 "infinitive marker"라고 부르기도 하는데, 이것은 동사가 "부정동사/不定動詞/Infinitive Verb" 형태임을 표시하는 기능을 합니다.

예를 들어, "I want to eat"에서 "to"는 "eat"이 "부정동사/不定動詞/Infinitive Verb"임을 나타내는 역할을 합니다. 이 경우, "to"는 "eat"이라는 동사를 직접 수식하는 역할을 하지만, 전치사가 하는 것처럼 명사, 대명사, 또는 명사구를 수식하는 것은 아닙니다.

"인칭/人稱/Grammatical Person"은 대화나 문장에서 소통되는 내용을 말하는 주체가 누구인지를 구분한 범주의 문법 개념입니다.

"Person"이라는 단어는 라틴어 "persona"에서 유래되었습니다. "Persona"는 "가면"을 의미하며, 특히 로마 시대에서는 극장에서 배우들이 착용한 가면을 가리켰습니다. 이후 "persona"는 인간의 신분, 역할, 성격, 인격 등을 나타내는 의미로 사용되었습니다.

영어에서의 "person"은 인간을 지칭하는 일반적인 단어로 사용되지만, 문법적인 의미에서는 동사의 주체나 목적어를 나타내는 데 사용됩니다. 인칭/인물에 따라 동사의 형태나 표현 방식이 달라지기 때문에 "person"이라는 개념은 문법적인 의미에서 중요한 역할을 합니다.

인칭/人稱이 "Grammatical person"의 용어로 사용된 이유는 언어에서 말하는 사람, 듣는 사람, 그리고 대화에 직접 참여하지 않는 제3자와 같은 역할과 관련된 문법적인 구분을 표현하기 위해서입니다. 언어는 의사소통을 위해 사용되는 수단으로서, 말하는 사람, 듣는 사람, 그리고 대화의 주체로서의 역할을 가지는 사람들 간의 상호 작용을 나타내기 위해 다양한 문법적인 구분을 사용합니다. 이러한 역할의 차이를 반영하여 동사의 형태와 사용법, 대명사의 선택, 문장 구조 등이 달라지게 됩니다.

영어에서는 1인칭, 2인칭, 3인칭이라는 세 가지 인칭을 구분하여 사용합니다. 1인칭은 말하는 사람 자신을 나타내며, 2인칭은 말하는 상대방을 나타내며, 3인칭은 대화의 대상이 되는 사람이나 사물을 나타냅니다. 이러한 인칭의 구분은 동사의 활용 형태, 대명사의 선택, 주어와 동사의 일치 등과 관련하여 문법적인 차이를 만들어 내는 데 중요한 역할을 합니다.

  인칭은 동사와의 "일치/Agreement"에 영향을 미칩니다. 주어의 인칭에 따라 동사의 형태가 달라지는데, 이를 바르게 이해하고 활용하기 위해 인칭의 사용을 구분하여 학습해야 합니다. 예를 들어, "I"(나)를 주어로 사용할 때는 동사의 형태도 일치하여 "I am"(나는 ~이다)이지만, "he"(그)를 주어로 사용할 때는 동사의 형태가 달라져 "he is"(그는 ~이다)가 됩니다.

  3가지 인칭에 대한 기능적 특성은 다음과 같습니다.

  1인칭(First Person): 1인칭은 말하는 사람 자신을 나타냅니다. 주로 "I"(나)와 "we"(우리)가 사용됩니다. "I"는 단수 1인칭을 나타내며, "we"는 복수 1인칭을 나타냅니다. 예를 들면, "I am happy"(나는 행복해요)와 "We are going to the park"(우리는 공원에 갑니다)와 같이 사용됩니다.

  2인칭(Second Person): 2인칭은 상대방 또는 대화 상대를 가리킵니다. 주로 "you"(너/당신)가 사용됩니다. "You"는 단수와 복수 모두에 사용됩니다. 예를 들면, "You are my friend"(너는 나의 친구야)와 "You all need to study"(너희들은 공부해야 해)와 같이 사용됩니다.

  3인칭(Third Person): 3인칭은 대화에 참여하지 않는 다른 사람이나 사물을 나타냅니다. 주로 "he"(그), "she"(그녀), "it"(그것)과 "they"(그들/그녀들)가 사용됩니다. "He"와 "she"는 단수 3인칭을 나타내고, "it"은 주로 사물을 가리킬 때 사용됩니다. "They"는 복수 3인칭을 나타냅니다. 예를 들면, "He is my brother"(그는 나의 형제야), "She likes to sing"(그녀는 노래하는 것을 좋아해), "It is a beautiful flower"(그것은 아름다운 꽃이다), "They are going to the movies"(그들은 영화를 보러 간다)와 같이 사용됩니다.

인칭은 문장의 의미와 화법적 규칙에 영향을 줍니다. 주어의 인칭에 따라 문장의 의미가 달라질 수 있으며, 문장의 화법적인 규칙에 맞게 인칭을 사용해야 합니다. 올바른 인칭 사용은 문장을 명확하게 전달하고 의사소통을 원활하게 만듭니다.

"시제/時制/Tense"는 동사를 통해 시간적인 상태나 동작의 시간적 시점을 나타내는 문법 개념입니다. 시제는 문장에서 동사의 형태 변화로 나타나며, 과거, 현재, 미래 시간을 나타낼 수 있습니다.

"Tense"라는 단어는 라틴어의 "tempus"에서 비롯되었으며, "Tempus"는 '시간'이라는 뜻을 가지고 있습니다. "Tense"는 언어적인 시간적 상태를 나타내는 개념을 포괄하는 단어로, 동사를 통해 시간적인 변화를 표현하고 문장의 의미를 정확히 전달하는 역할을 합니다. 각각의 Tense는 과거, 현재, 미래와 같은 시간적인 차원을 표현하며, 동사의 형태 변화와 보조 동사, 시간 부사의 사용으로 형성됩니다.

한자어 "時"는 '시간'을 뜻하고, "制"은 '규칙'이나 '체계'를 의미합니다. 따라서 "時制"은 '시간에 대한 규칙'이라는 의미로 사용됩니다.

영어에서 일반적으로 사용되는 세 가지 기본적인 Tense 형태는 다음과 같습니다.

과거 시제(Past Tense): 동사의 과거형을 사용하여 시간적으로 과거에 발생한 동작이나 상태를 나타냅니다. 예를 들어, "I played"(나는 놀았다), "She ate"(그녀는 먹었다)와 같이 동사의 형태가 과거형으로 변화합니다.

현재 시제(Present Tense): 동사의 기본형을 사용하여 시간적으로 현재에 진행 중인 동작이나 상태를 나타냅니다. 예를 들어, "I eat"(나는 먹는다), "He studies"(그는 공부한다)와 같이 동사의 형태가 기본형으로 유지됩니다.

미래 시제(Future Tense): 동사의 기본형을 사용하고 "will"이나 "be going to"와 함께 사용하여 시간적으로 미래에 발생할 동작이나 상태를 나타냅니다. 예를 들어, "I will go"(나는 갈 것이다), "They are going to travel"(그들은 여행할 것이다)와 같이 동사의 형태가 기본형으로 유지되며 보조 동사나 시간 부사와 함께 사용됩니다.

영어에서는 시제와 관련된 문법 용어로 단순 현재형과 현재분사, 현재분사 완료형, 현재 진행형 등의 용어가 있습니다. 이러한 용어들은 이름만 듣고도 복잡하게 느껴질 수 있습니다. 위 문장에서는 현재와 관련된 시제만 나열하였지만, 과거와 미래까지 고려하면 더 많은 구분이 존재합니다. 영어는 현재와 관련된 시제를 포함하여 다양한 구분을 갖고 있기 때문에, 이러한 복잡한 시제 구분을 한국어로 번역하면 내용을 장황하게 늘어놓은 것처럼 보이고, 핵심이 이해되지 않는 경우가 많습니다. 영어 번역본을 읽고 이해가 어려웠던 문장을 원어로 읽으면 명확하게 이해할 수 있었던 경험이 있다면 그 의미를 알 수 있을 것입니다.

시제는 상황을 인식하는 방법을 세분화된 구분법으로 나타냅니다. 상황은 개인의 인식 수준에 따라 과거, 현재, 미래만 인식될 수도 있고, 과거 완료, 현재 완료, 미래 완료, 과거 진행, 현재 진행, 미래 진행, 과거분사 완료, 현재분사 완료, 미래분사 완료로 인식될 수도 있습니다. 이는 시점이 인식하는 사람에 따라 다양하게 이해되고 표현될 수 있기 때문입니다. 영어로 표현된 문장을 이해하려면 시제 구분에 대한 명확한 구분이 필요합니다. 그렇게 함으로써 영어를 모국어로 사용하는 서양 사상가들의 사색의 결과에 대한 깊은 이해가 가능합니다.

"태/態/Grammatical Voice" 동사에 대한 주어와 목적어 사이의 관계를 나타내는 문법적인 개념입니다. 태는 동사의 행동이 주체에 의해 어떻게 수행되는지를 나타내며, 주로 능동태와 수동태로 구분됩니다. 능동태와 수동태는 같은 동작을 다른 관점에서 나타내는 서로 다른 표현 방식입니다. 능동태는 주어가 동작을 수행하는 것을 강조하고, 수동태는 주어가 동작의 대상이 되는 것을 강조합니다. 능동태는 주로 주어가 중요한 역할을 하는 문장에서 사용되고, 수동태는 동작의 대상이 중요한 문장이나 주어의 정보를 감추고자 할 때 사용됩니다. 태의 사용은 문장의 의미와 강조에 영향을 줄 수 있습니다. 또한, 동사의 형태도 능동태와 수동태에 따라 변화할 수 있습니다. 수동태에서는 'be'동사와 과거분사를 함께 사용하여 수동적인 동작을 표현합니다.

Voice의 어원은 라틴어 "vox"에서 비롯되었습니다. "Vox"는 "소리" 또는 "목소리"를 의미하는 단어로, 언어에서 발생하는 소리나 음성에 관련된 개념을 나타냅니다.

태(Grammatical voice)는 동사에 대한 주어와 목적어 사이의 관계를 나타내는 문법적인 개념이기 때문에 말하는 사람의 표현 방식이 있는 그대로 나타나는 "목소리/voice"라는 용어가 사용된 것으로 보입니다. 또한, 동사의 주어와 목적어 간의 상호 작용을 통해 동사의 활동과 주체의 역할을 음성적으로 표현하는 것으로, 소리나 음성은 상황에 따라 변하기 때문에 능동과 수동을 구분하기 위한 "목소리의 태도"를 문법 용어로 사용된 것으로 생각됩니다. 문법에서 사용하는 Voice이기 때문에 "Grammatical"을 붙여서 원어는 "Grammatical Voice"를 사용하고 있습니다.

한자어 "態"는 '모습', '상태'를 의미하는데, 주어와 목적어의 동작이나 상태, 형태나 모습을 나타내기 위해 언어학자들이 선택한 용어로 보입니다.

일반적인 태(Grammatical Voice)의 형태는 다음과 같습니다.

능동태(Active voice): 능동태는 동사의 주체가 동작을 직접 수행하는 것을 나타냅니다. 주어가 주체적인 역할을 수행하고, 동작의 주체로서 동작을 수행합니다. 예를 들어, "She sings a song"(그녀는 노래를 부릅니다)에서 "She"가 주어로서 동작을 수행하고 있습니다.

수동태(Passive voice): 수동태는 동사의 주체가 동작을 받는 것을 나타냅니다. 주어가 동작의 대상이 되고, 동작을 당하는 역할을 수행합니다. 예를 들어, "The song is sung by her"(그 노래는 그녀에 의해 불러집니다)에서 "The song"이 주어로서 동작을 받고 있습니다.

"격/格/Case"은 명사나 대명사가 문장 내에서 어떤 역할을 하는지를 나타내는 문법 개념입니다.

"Case"라는 단어 자체는 라틴어 'casus'에서 유래되었는데, 이 단어는 "떨어지다", "발생하다"라는 의미의 'cadere'라는 동사에서 파생되었습니다. 언어학적 관점에서 보면, 이는 명사나 대명사가 문장에서 "떨어지는" 즉, 나타나는 특정 상황이나 경우에 따라 그 형태나 기능이 변화한다는 점을 반영하고 있습니다. 이러한 이유로, "Case"라는 개념은 언어가 사용되는 실제 상황에서 그 형태가 어떻게 변화하는지, 즉, 단어가 문장 내에서 어떤 역할을 하는지를 설명하는 데 사용되는 문법 용어로 사용된 것으로 보입니다.

"格"이라는 한자는 '맞추다', '정연하다', '법칙' 등의 뜻을 가지고 있습니다. "Case"는 문장 내에서 명사나 대명사가 어떤 역할을 하는지, 즉 그 위치나 기능에 따라 형태가 어떻게 변하는지를 규정하는 문법적인 원칙을 나타냅니다. "Case"를 "격/格"으로 번역하는 것은 이 원칙이나 법칙을 맞추는 역할을 하는 문법적인 틀을 표현하기 때문일 것으로 보입니다.

"격" 또는 "Case" 개념은 문장 내에서 명사와 대명사의 역할을 구분하기 위해 발전한 언어학적 구분법입니다. 이 시스템은 일종의 마킹 시스템으로, 명사나 대명사가 문장에서 어떤 역할을 수행하는지를 나타내는 역할을 합니다. 그렇기 때문에 단어의 위치에 상관없이 그 단어가 수행하는 역할을 이해할 수 있게 합니다. 영어에서는 주격, 목적격, 소유격 등의 주요 세 가지 격이 있습니다. 이 세 가지는 문장에서 명사나 대명사의 기능을 구분하며, 이를 통해 문장의 의미를 명확히 하는 역할을 합니다. 예를 들어, "He likes her"와 "She likes him"에서 "He"와

"She"는 주격을, "her"와 "him"은 목적격을 사용하고 있습니다. 이 두 문장은 동일한 단어를 사용하지만, 사용된 "격/格/Case"에 따라서 전혀 다른 의미를 가지게 됩니다. 즉, "격/格/Case" 시스템은 단어의 위치에 상관없이 그 단어의 역할을 구분하고 문장의 의미를 명확하게 하는 데 중요한 역할을 합니다.

그러나 모든 언어가 "격/格/Case" 시스템을 사용하는 것은 아닙니다. 중국어와 한국어에서는 "격/格/Case"을 나타내는 별도의 접미사나 조사가 없습니다. 이런 언어들에서는 문장 내에서 단어의 위치가 그 단어의 역할을 결정하는 경우가 많습니다. 일부 언어에서는 "격/格/Case" 시스템이 매우 중요하며 복잡합니다. 라틴어나 독일어, 러시아어 등에서는 다양한 격이 존재하고, 명사의 형태가 그 격에 따라 크게 바뀝니다. 이런 언어들에서는 명사의 형태를 올바르게 변형하는 것이 문장의 의미를 정확하게 전달하는 데 매우 중요합니다.

영어에서는 주로 다음과 같은 세 가지 종류의 격이 사용됩니다.

주격(Nominative Case): 명사나 대명사가 문장의 주어로 사용될 때 해당합니다. 이 경우, 단어는 그 자체로 사용되며 주로 동사의 주체를 나타냅니다.

(예: He is a teacher. "He"가 주격으로 사용되어 주어로 기능)

목적격(Accusative Case): 명사나 대명사가 문장의 목적어로 사용될 때 해당합니다. 영어에서는 대부분의 경우 주격과 목적격이 동일한 "명사/Noun" 형태를 가집니다. 다만, 인칭 대명사(personal pronouns)는 주격과 목적격의 형태가 다릅니다.

(예: I saw him at the park. "him"이 목적격으로 사용되어 동사 "saw"의 목적어로 기능)

소유격(Genitive Case): 명사나 대명사가 소유를 나타내는 경우에 해당합니다. 소유격은 보통 's를 사용하거나 대명사의 특정 형태로 나냅니다.

(예: This is John's book. ("John's"는 소유격으로 사용되어 "book"의 소유주를 나타냄.))

(예: This book is his. ("his"는 소유격 대명사로 사용되어 "book"의 소유주를 나타냄.))

"법/法/Grammatical Mood"는 동사의 형태 변화를 통해 화자의 태도나 의도를 나타내는 문법적인 개념을 의미합니다. "Mood"는 동사가 나타내는 동작이나 상태를 화자의 태도에 따라 다르게 표현할 수 있는 것을 말합니다. 영어 문법 용어인 "Mood"를 한국어 "법"으로 번역한 이유는 일본어의 문법 용어를 차용하여 사용하기 때문입니다. 영어의 "Mood"는 동사의 형태 변화를 통해 화자의 태도나 의도를 나타내는 데 사용됩니다. 이러한 개념을 일본어에서는 "法"로 표현하고 있고, 이를 한국어로 번역할 때 일본어의 문법 용어를 그대로 사용한 것입니다.

"Mood"의 어원은 중세 라틴어인 "modus"에서 파생되었습니다. "Modus"는 "방식"이나 "형태"를 의미하는 단어로, 언어학에서 동사의 형태 변화를 통해 나타내는 화자의 태도나 의도를 가리키는 의미로 사용되었습니다. 각각의 "Mood"는 특정한 상황이나 의미를 전달하기 위해 사용되며, 동사의 형태 변화를 통해 화자의 의도가 명확히 전달될 수 있도록 도와줍니다. 문법에서 사용하는 Mood이기 때문에 "Grammatical"을 붙여서 원어는 "Grammatical Mood"라는 용어를 사용합니다.

영어에서 사용되는 다섯 가지 기본적인 "Grammatical Mood"의 형태는 다음과 같습니다.

직설법(Indicative): 직설법은 사실이나 현실에 대한 표현에 사용됩니다. 문장이 사실이거나 진실한 상태를 나타내는 데 사용되며, 문장의 주어와 동작이 실제로 일어나고 있는 것을 나타냅니다. 가장 일반적인 동사 형태로 사용됩니다. 예를 들면, "She sings a song"(그녀는 노래를 부릅니다)과 같은 형태입니다.

명령법(Imperative): 명령법은 명령이나 요구를 나타내는 데 사용됩니다. 일반적으로 주어가 생략되고 동사의 원형 혹은 동사의 원형에 "do not"을 부정형으로 붙인 형태로 사용됩니다. 예를 들면, "Sit down"(앉으세요), "Don't eat that"(그거 먹지 마세요)과 같은 형태입니다.

가정법(Subjunctive): 가정법은 가상의 상황이나 추측, 요구 등을 나타내는 데 사용됩니다. 조건문이나 추측, 권유 등의 의미를 전달하는 데 사용되며, 실제로 일어나지 않은 상황을 가정하여 표현합니다. 영어의 가정법은 형태적으로 사실법과 구분될 수 있지만, 현대 영어에서는 가정법의 사용이 제한적이며, "If I were you, I would go"(내가 너라면 가겠어요)와 같은 형태가 있습니다.

조건법(Conditional Mood): 조건문이나 가정에 따른 상황을 나타내는 데 사용됩니다. 조건부 형태를 가지며, 주로 "would", "could", "should" 등의 조동사와 함께 사용됩니다. 예를 들면, "If I had money, I would travel around the world"(돈이 있었다면 세계 일주를 할 것이다)와 같은 형태입니다. "Conditional Mood"는 가정적인 상황이나 조건에 따른 결과를 표현하는 데 사용됩니다.

　의문법(Interrogative Mood): 의문문을 나타내는 데 사용되며, 질문을 포함하는 문장에서 주로 사용됩니다. "Interrogative Mood"는 동사의 형태 변화를 통해 나타내지는 않지만, 문장 구조와 의미적 특징으로 구분됩니다. 일반적으로 의문사(interrogative words)인 who, what, where, when, why, how 등과 함께 사용되며, 동사 순서를 바꾸는 것이 특징입니다. 예를 들면, "Are you coming to the party?"(파티에 오시나요?)와 같은 의문문에서 "Are you"가 "Interrogative Mood"를 나타내는 부분입니다.

　이와 같이 각각의 Mood는 특정한 의도나 상황을 명확하게 표현하기 위해 사용됩니다. 이러한 Mood의 사용은 말하는 사람이 의도하는 바를 정확하게 전달하고 듣는 이가 그 의도를 이해할 수 있도록 도와줍니다. "Mood"는 문장의 화법과 감정을 표현하는 데 있어서 중요한 문법적인 요소입니다.

　Mood와 Tone은 문장이나 문서에서 다른 측면을 나타내는 데 사용되는 두 가지 다른 개념입니다.

　Mood(법)는 문장의 문법적인 특성을 나타냅니다. 이는 동사의 형태와 문장의 구조에 영향을 미치는 요소입니다. 예를 들어, 명령법, 의문법, 가정법과 같은 다양한 Mood가 문장의 구조와 동사의 형태에 따라 사용됩니다. 이는 문장의 목적이나 의도를 전달하기 위한 문법적인 요소로서 사용됩니다.

Tone(어조)은 문장이나 문서에서 느껴지는 감정적인 또는 태도를 나타냅니다. 이는 문체, 어투, 선택한 단어, 문장 구조 등을 통해 전달됩니다. Tone은 말하는 사람의 의도나 태도를 나타내는 데 사용됩니다. 예를 들어, 긍정적인, 부정적인, 격식 있는, 비격식적인, 공손한, 거친 등 다양한 태도를 나타낼 수 있습니다. Tone은 독자에게 특정한 감정이나 태도를 전달하고 문장이나 문서의 분위기를 형성하는 역할을 합니다.

Mood는 문장의 문법적인 특성과 의도를 나타내는 데 사용되는 개념이며, Tone은 문장이나 문서의 감정적인 또는 태도를 전달하는 데 사용되는 개념입니다. 두 가지 개념의 차이점에 대해서도 알아 두는 것이 영어 학습에 도움이 될 것입니다.

"사역동사/使役動詞/Causative Verb"는 주어가 다른 사람에게 어떤 동작을 하도록 강제하거나 유도하는 동사입니다. 사역동사는 주어가 다른 사람에게 어떤 행위를 시키는 역할을 수행하며, 동사의 형태를 변화시켜 이를 나타냅니다.

"Causative"라는 용어는 라틴어 "causare"에서 유래되었습니다. "Causare"는 "원인이 되다"라는 의미로, 어떤 동작이나 상태를 일으키는 주체가 되는 것을 의미합니다. 따라서, "causative"는 동작이나 상태를 유발하는 동사를 지칭하는 용어로 사용되며, 동사의 형태와 의미를 조절하여 다른 사람에게 동작을 시키는 역할을 합니다.

한자어 "使"은 "사용하다"라는 뜻으로, 주체가 누군가에게 동작을 시키거나 행동을 유도하는 의미를 갖습니다. "役"은 "역할"이나 "책임"을 의미하며, 주체가 다른 사람에 대해 역할을 부여하거나 동작을 유발하는 것을 나타냅니다. "使役動詞"는 주체가 다른 사람에게 동작을 시키거나 역할을 부여하는 동사를 나타내는 용어입니다. 이러한 동사들은 주로 동작의 주체와 대상의 관계를 나타내며, 주체는 동작을 지시하고, 대상은 동작을 수행하는 역할을 갖습니다.

사역동사의 종류는 다음과 같습니다.

Have: 주어가 다른 사람에게 어떤 동작을 시키는 경우에 사용됩니다. 주로 자발적으로 수행할 수 있는 동작을 강제로 시키는 의미를 갖습니다. 예를 들면 "have someone do something" 형태로 사용됩니다. 예: "I had my car repaired."

Make: 주어가 다른 사람에게 강제로 어떤 동작을 시키는 경우에 사용됩니다. 강한 힘을 행사하여 동작을 유발하는 의미를 갖습니다. 예를 들면 "make someone do something" 형태로 사용됩니다. 예: "She made him apologize."

Let: 주어가 다른 사람에게 허락하거나 허용하는 경우에 사용됩니다. 허용하는 의미를 갖고, 동작이 자발적으로 발생하는 것을 허락하는 의미를 전달합니다. 예를 들면 "let someone do something" 형태로 사용됩니다. 예: "He let me borrow his book."

Get: 주어가 다른 사람에게 동작을 시키거나 상황을 만들어 내는 경우에 사용됩니다. 보다 간접적인 방법으로 동작을 유도하는 의미를 갖습니다. 예를 들면 "get someone to do something" 형태로 사용됩니다. 예: "She got her friend to help her."

  Help: "help"는 때로 사역동사로 사용될 수도 있습니다. 이때는 "help" 뒤에 명사와 함께 "to do"를 추가하여 목적어가 동작을 수행하도록 유도하는 의미를 갖게 됩니다. 예를 들면 "I helped him to fix his car"와 같이 사용될 수 있습니다. 이때는 "help"가 사역동사로 사용되는 경우입니다.

"완료/完了/Perfection"는 어떤 동작이나 사건이 이미 완료되었거나 특정 시점까지 지속되어 완료된 상태를 나타내는 문법적 개념입니다. 완료는 과거 시점에서 발생한 동작이나 사건을 가리키며, 이것이 현재의 결과에 영향을 미치고 있거나 현재까지의 지속된 상태를 나타냅니다.

"Perfection"은 "perfect"라는 형용사의 명사형으로 "Perfect"라는 단어는 라틴어 "perfectus"에서 유래되었습니다. "Perfectus"는 "완성된", "완벽한"을 의미하는 "perficio"라는 동사의 과거분사형입니다. "Perficio"는 "완료하다", "성취하다"라는 의미를 가지고 있습니다.

  한자어 完 자는 '완전하다'나 '일을 완결 짓는다'라는 뜻을 가진 글자입니다. 完 자는 宀(집 면) 자와 元(으뜸 원) 자가 결합한 모습이며 元 자는 사람의 머리를 강조해 그린 것으로 '으뜸'이나 '처음'이라는 뜻을 갖고 있습니다. 完 자는 본래 집 짓기를 끝마쳤다는 것을 뜻하기 위해 만든 글자였으며. "完"은 무언가를 완전하게 끝마친 상태를 나타내는 데 사용됩니다. "了"은 어떤 동작이 끝났거나 완료되었음을 나타냅니다. 了 자는 '마치다'나 '끝나다'라는 뜻을 가진 글자입니다. 了 자는 사실 막 태어난 신생아를 그린 것입니다. 그래서 몸을 잔뜩 웅크리고 있는 상태를

了 자로 표현한 것입니다. 그러니 了 자에서 말하는 '마치다'나 '끝나다'라는 것도 이제는 출산의 고통이 끝났다는 뜻입니다. 이렇게 이 두 자가 결합하여 "완료"라는 의미를 갖는 한자어가 형성되었습니다.

  영어에서는 완료를 나타내기 위해 "have+Past Participle/과거분사" 구조를 사용합니다. "have"는 동사의 보조 동사로 사용되며, 그 뒤에 과거분사 형태가 옵니다. 이러한 구조는 완료를 나타내는 가장 일반적인 방법으로 사용됩니다. 예를 들어, "I have finished my homework"라는 문장에서 "have finished"는 완료를 나타내고 있습니다. 이 문장은 "나는 숙제를 이미 끝냈습니다"라는 의미를 가지며, 숙제를 이미 끝마친 상태를 나타냅니다. 완료는 지난 시점에 일어난 동작을 강조하고, 그 결과나 상태가 현재까지 이어지는 것을 나타내는 데 사용됩니다. 이는 어떤 동작이 현재의 시간과 연관되어 있는 것을 강조하고자 할 때 유용하게 사용될 수 있습니다. 또한, 완료는 과거와 현재의 시간 관계를 명확히 하여 문장의 의미를 더 정확하게 전달할 수 있도록 도와줍니다. 예를 들어, "I have lived in this city for five years"라는 문장에서 "have lived"는 현재 완료를 나타내고 있으며, "나는 이 도시에 다섯 해 동안 살아왔고 지금도 살고 있다"라는 의미를 가집니다.

  "완료/Perfection"은 주로 현재완료(Present Perfect)와 과거완료(Past Perfect) 두 가지 시제로 사용됩니다.

  현재완료(Present Perfect): 현재 시점과 과거를 연결하는 시제로, 현재의 상태나 경험을 나타냅니다. 주로 다음과 같은 형태로 사용됩니다.

  형태: 주어+have/has+과거분사형

예시: I have visited Paris(나는 파리를 방문했습니다).

과거완료(Past Perfect): 과거의 어떤 시점 이전에 완료된 동작을 나타냅니다. 이미 일어난 과거의 동작을 강조하거나 시간 순서를 명확히 하기 위해 사용됩니다. 주로 다음과 같은 형태로 사용됩니다.
형태: 주어+had+과거분사형
예시: She had already finished her homework when I arrived(나는 도착했을 때 그녀는 이미 숙제를 끝냈습니다).
"완료/Perfection"은 과거와 현재의 시간 관계를 표현하여 문장의 의미를 명확하게 전달하는 역할을 합니다. 이 시제는 주로 경험, 결과, 결과에 대한 영향 등을 나타내는 데 사용되며, 과거와 현재를 연결하여 문맥을 더욱 풍부하게 만듭니다.

"재귀대명사/再歸代名詞/Reflexive Pronoun"는 주어가 행위의 주체이자 그 행위의 객체일 때 사용되는 대명사입니다.
"Reflexive"는 라틴어 "reflexus"에서 파생된 용어로, "반사하는"이나 "반사되는"을 의미하며 "Pronoun"은 라틴어 "pronomen"에서 파생되었으며, "대명사"라는 의미입니다. Reflexive pronoun은 주어가 행위의 주체이면서 동시에 그 행위의 객체인 대명사입니다. 즉, 주어가 자기 자신에게 동작을 가하는 경우에 사용됩니다. 영어에서 Reflexive pronoun은 주로 "-self"나 "-selves"로 끝나는 형태를 가지며, 주어와 동일한 인칭과 수를 가집니다. 이러한 형태를 가지면서 동작이 주어에게 반사되는 특징을 나타내므로 "Reflexive pronoun"이라는 용어가 사용되었습니다. 예를 들어, "I cut myself"라는 문장에서 "myself"는 주어인 "I"가 동사 "cut"의 객체이기도 하면서 동시에 동작의 주체입니다. 이 경우 "myself"가 Reflexive pronoun으로 사용되었습니다.

한자어 "再(재)"는 '다시'라는 의미를 가지며, "歸(귀)"는 '돌아가다'라는 의미를 가지고 있어, 동작이 원래의 위치로 되돌아가는 의미를 나타냅니다. 이는 대명사와 합쳐서 "다시 되돌아가서 다른 대상을 대신하여 나타내는 대명사"의 의미를 가집니다.

再 자의 갑골문을 보면 물고기의 입과 꼬리 부분에 획이 하나씩 그어져 있었고 이것은 수면 위와 아래를 표현한 것입니다. 물고기는 산소가 부족해지면 물 위로 입을 내밀어 숨을 쉬곤 하는데 물고기가 반복적으로 왔다 갔다 한다는 의미에서 '다시'라는 뜻을 갖게 되었다고 합니다.

歸 자는 '돌아가다'나 '돌아오다'라는 뜻을 가진 글자입니다. 歸 자는 阜(언덕 부) 자와 止(발 지) 자, 帚(빗자루 추) 자가 결합한 모습인데, "빗자루를 들고 발로 걸어서 언덕을 청소하기 위해 돌아간다"라는 의미를 가진 것으로 보입니다.

영어에서 일반적으로 사용되는 재귀대명사는 "myself, yourself, himself, herself, itself, ourselves, yourselves, themselves"입니다. 이들 대명사는 주어로 사용되며, 주어가 행위의 주체이자 행위의 객체가 됩니다.

예문.
I cut myself while I was cooking.
(나는 요리하다가 자신을 베었습니다.)

He blames himself for the mistake.
(그는 실수 때문에 자기 자신을 탓합니다.)
They taught themselves how to play the guitar.
(그들은 스스로 기타를 연주하는 법을 배웠습니다.)

주의할 점은 재귀대명사는 주어와 동일한 인칭과 수를 가지며, 주어와 일치하는 형태를 가지는 경우가 많습니다. 그러나 항상 일치하는 것은 아니며, 문맥에 따라 다른 형태를 가질 수도 있습니다.

"단어/Word"는 영어 문장의 구성 요소 중에서 가장 기본적인 의미를 담고 있는 요소입니다. 단어는 의미를 갖는 최소한의 단위로서 문장을 구성하는 데 필수적인 요소입니다.
영어 문장에서 단어는 다양한 형태와 역할을 가질 수 있습니다. 명사, 동사, 형용사, 부사, 대명사, 전치사, 조동사, 관사 등 다양한 품사로 분류되며, 각각의 품사는 다른 의미와 문법적인 역할을 수행합니다. 단어는 문장에서 다양한 역할을 수행합니다. 명사는 사물, 개념, 사람 등을 나타내는 역할을 하며, 문장의 주어나 목적어로 사용될 수 있습니다. 동사는 행동이나 상태를 나타내는 역할을 하며, 문장의 핵심적인 의미를 전달합니다. 형용사는 명사를 수식하여 그 특성이나 상태를 나타내는 역할을 하며, 문장에서 주로 명사의 속성을 설명합니다. 부사는 동사, 형용사, 부사 등을 수식하여 그 정도, 방법, 시간 등을 나타내는 역할을 합니다. 대명사는 명사를 대신하여 사용되는 역할을 하며, 이전에 언급된 명사를 대체하거나 특정한 대상을 가리킵니다. 전치사는 명사나 대명사와 함께 쓰여서 위치, 방향, 시간 등을 나타내는 역할을 하며, 문장의 구조를 조정합니다. 조동사는 동사 앞에서 동사의 의미를 변화시키거나 문장의 의미를 강조하는 역할을 합니다. 관사는 명사를 한정하는 역할을 하며, 정확성이나 일반성을 나타냅니다.

이처럼, 단어들은 문장의 구조를 형성하고 의미를 전달하는 데 중요한 역할을 합니다. 문장에서 단어들은 서로 조합되어 구, 절, 문장을 형성하며, 문맥에 따라 다양한 역할을 수행합니다. 정확하고 적절한 단어의 선택과 사용은 문장의 명확성과 효과를 높이는 데 도움이 됩니다. 따라서 영어 문장을 이해하고 작성하는 데 있어서 단어의 의미와 문법적인 역할을 이해하는 것은 매우 중요한 과정입니다.

"구/句/Phrase"는 문장 내에서 단어들의 "집합/모임/그룹"을 의미합니다. 문법적으로는 구/Phrase가 문장에서 특정 기능을 수행하거나 문법적인 역할을 하는 경우를 나타냅니다. 이러한 구/Phrase는 문장의 구성 요소로서 다양한 역할을 수행하며, 명사구, 형용사구, 부사구 등의 형태로 나타날 수 있습니다.

명사구(Noun Phrase): 주어, 목적어, 보어 등의 역할을 수행하는 구입니다. 명사구는 하나의 명사로 시작하여 해당 명사를 수정하는 한정사, 형용사, 대명사, 관사 등이 추가로 포함될 수 있습니다. 예를 들면, "a beautiful flower"(아름다운 꽃)이나 "the tall man"(키 큰 남자)와 같은 구가 명사구에 해당합니다.

형용사구(Adjective Phrase): 동사 또는 명사를 수정하는 역할을 하는 형용사의 조합으로 이루어진 구입니다. 형용사구는 보통 형용사로 시작하여 부사나 다른 형용사 등이 뒤따를 수 있습니다. 예를 들면, "very intelligent"(매우 똑똑한)이나 "extremely beautiful"(매우 아름다운)과 같은 구가 형용사구에 해당합니다.

부사구(Adverb Phrase): 동사, 형용사, 부사를 수정하는 역할을 하는 부사의 조합으로 이루어진 구입니다. 부사구는 부사로 시작하여 다른 부사나 부사적인 표현이 뒤따를 수 있습니다. 예를 들면, "very slowly"(매우 천천히)이나 "quite suddenly"(꽤 갑자기)와 같은 구가 부사구에 해당합니다.

"절/Clauses"는 문장에서 "주어와 동사의 조합"으로 이루어진 독립적인 의미 전달 단위입니다. 절은 주어와 동사를 기반으로 하며, 주어는 절에서 문장의 주체를 나타내고 동사는 주어의 동작이나 상태를 나타냅니다. 문법적으로 절은 문장의 최소 단위로서 독립적인 의미를 가지고 다른 절과 관계를 맺을 수 있습니다.

절은 주로 독립적인 의미 전달을 하기 위해 사용되며, 문장에서 중요한 정보를 담고 있을 수 있습니다. 절은 독립적으로 문장을 이룰 수도 있고, 다른 절과 결합하여 복합문을 형성할 수도 있습니다. 절의 종류에는 주절(Main Clause)과 종속절(Dependent Clause)이 있습니다.

주절(Main Clause): 문장에서 독립적으로 의미를 전달하는 절입니다. 주어와 동사의 조합으로 이루어져 있으며, 단독으로 문장을 이룰 수 있고, 다른 종속절과 함께 복합문을 형성할 수도 있습니다. 예를 들면, "I love to read books"(나는 책을 읽는 것을 좋아합니다)와 같은 문장에서 "I love"가 주절에 해당합니다.

종속절(Dependent Clause): 종속절은 주절에 의존하여 문장의 부가적인 정보를 제공하는 절입니다. 종속절은 주어와 동사의 조합으로 이루어져 있으며, 주절에 의해 의미적으로 제한되거나 보완되는 역할을 합니다. 종속절은 주절과 함께 사용되어 전체적인 문장의 의미를 완성시키는 역할을 합니다. 예를 들면, "I will go to the library if I have time"(시간이 있으면 도서관에 갈 거예요)와 같은 문장에서 "if I have time"이 종속절에 해당합니다.

절은 문장 구조의 중요한 구성 요소로서 사용되며, 주어와 동사의 조합으로 문장의 의미를 전달합니다. 주절은 독립적인 의미를 가지며, 종속절은 주절에 의존하여 문장의 보충적인 정보를 제공합니다. 문장의 복잡성을 표현하고 다양한 관계를 나타내며 문장의 다양성과 풍부성을 확장시킵니다. 절을 이해하고 활용하기 위해서는 주어와 동사의 역할을 이해하고, 주절과 종속절의 관계를 파악하는 것이 중요합니다.

절의 종류는 다양한데, 몇 가지 일반적인 절의 유형을 살펴보면 다음과 같습니다.

명사절(Noun Clause): 명사절은 주절의 역할을 하는 절로서, 명사의 역할을 수행합니다. 주어, 목적어, 보어 등의 역할을 하기 때문에 문장에서 명사적인 역할을 하는 위치에 사용됩니다. 예를 들어, "I know what you said"(나는 네가 말한 것을 알아요)에서 "what you said"가 명사절에 해당합니다.

부사절(Adverbial Clause): 부사절은 부사의 역할을 하는 절로서, 동사, 형용사, 부사 등을 수정하거나 보충하는 역할을 합니다. 시간, 장소, 원인, 조건, 목적 등 다양한 관계를 나타내는 부사절이 있습니다. 예를 들어, "She sang beautifully when she was young"(그녀는 어릴 때 아름답게 노래했습니다)에서 "when she was young"이 부사절에 해당합니다.

형용사절(Adjective Clause): 형용사절은 형용사의 역할을 수행하는 절입니다. 형용사절은 주로 관계대명사나 관계부사로 시작하며, 주절과 함께 사용되어 명사나 대명사를 한정하거나 수정하는 역할을 합니다. 예를 들어, "I have a friend who speaks multiple languages"(나는 여러 언어를 구사하는 친구를 가지고 있어요)에서 "who speaks multiple languages"가 형용사절에 해당합니다. 이 형용사절은 "a friend"를 한정하며, 그 친구가 여러 언어를 구사하는 특징을 설명합니다.

관계절(Relative Clause): 관계절은 주어절 또는 명사절과 함께 사용되며, 주로 관계대명사나 관계부사로 시작합니다. 관계절은 주절과의 관계를 나타내며, 전체 문장의 의미를 보완하거나 한정합니다. 예를 들어, "The book that I bought is interesting"(내가 산 그 책은 흥미로워요)에서 "that I bought"가 관계절에 해당합니다.

절은 문장의 다양한 의미를 전달하고 복잡한 관계를 표현하는 데 중요한 역할을 합니다. 주절은 독립적인 의미를 가지며, 종속절은 주절과의 관계에서 보충적인 정보를 제공합니다. 이를 통해 문장의 의미와 구조를 다양하게 표현할 수 있습니다. 따라서 절의 이해와 활용은 영어 문장을 정확하고 효과적으로 사용하는 데 도움이 됩니다.

"문장/Sentence"은 의사소통의 기본 단위로서, 완전한 의미를 가지고 독립적으로 사용될 수 있는 언어의 구성 요소입니다. 문장은 주어, 동사, 목적어 등을 포함하여 한 개 이상의 구성 요소로 이루어져 있습니다. 문장은 다양한 형태와 구조를 가지며, 그 종류에는 주어진 목적과 표현하려는 의미에 따라 다양한 분류 방법이 있습니다. 그중 가장 일반적인 두 가지 방법은 문장의 구조와 문장의 목적에 따라 분류하는 것입니다.

먼저, 문장의 구조에 따라 다음과 같이 단문(Simple Sentence), 중문(Compound Sentence), 복문(complex sentence), 혼합문(Complex-Compound Sentence)으로 나눌 수 있습니다.

단문(Simple Sentence): 단순 문장은 하나의 주어와 동사로 구성되며, 완전한 의미를 갖는 독립적인 문장입니다. 예) "She sings well"과 "I love coffee."

중문(Compound Sentence): 중문은 두 개 이상의 독립절로 이루어진 문장입니다. 각 독립절은 자체적으로 완전한 의미를 갖추고 있으며, 접속사나 구두점으로 연결되어 있습니다. 예) "I went to the store, and she stayed at home"과 "He studied hard, but he didn't pass the exam."

복문(complex sentence): 복문은 두 개 이상의 독립절과 하나 이상의 종속절로 이루어진 문장입니다. 각 독립절(Independence Clause)은 자체적으로 완전한 의미를 갖추고 있으며, 종속절은 독립절에 의존하며 보충적인 역할을 수행합니다. 이러한 종속절은 접속사나 관계사와 함께 사용되어 독립절과 연결됩니다. 예) "Although it was raining, she went for a run."

혼합문(Complex-Compound Sentence): 혼합문은 둘 이상의 독립절과 하나 이상의 종속절로 구성된 문장입니다. 각 독립절은 자체적으로 완전한 의미를 갖고 있으며, 종속절은 독립절의 일부분이거나 의존적인 역할을 수행합니다. 예) "She went to the store because she needed groceries, and she bought some fruits."

그리고, 문장의 목적에 따라 다음과 같이 평서문(Declarative Sentence), 의문문(Interrogative Sentence), 명령문(Imperative Sentence), 감탄문(Exclamatory Sentence)으로 나눌 수 있습니다.

평서문(Declarative Sentence): 사실이나 의견을 전달하는 문장입니다. 대부분의 문장은 평서문입니다. 예) "She reads books."

의문문(Interrogative Sentence): 질문을 하는 문장입니다. 보통 문장의 동사나 조동사가 문장의 앞에 위치하며, 물음표로 끝납니다. 예) "Does she read books?"

명령문(Imperative Sentence): 명령, 요청, 조언 등을 전달하는 문장입니다. 대부분의 명령문은 주어 없이 동사로 시작하며, 마침표나 느낌표로 끝납니다. 예) "Read this book."

감탄문(Exclamatory Sentence): 감동이나 놀람, 기쁨 등 강한 감정을 표현하는 문장입니다. 대부분의 감탄문은 느낌표로 끝납니다. 예) "She reads so well!"

"구두점 법칙(Punctuation Rule)"은 한국어에서는 많이 사용되고 있지 않지만, 영어에서는 문장의 구조와 의미를 분명히 전달하기 위하여 여러 가지 기호를 사용하고 있습니다. 각 구두점은 문장의 명료성과 가독성을 높이기 위해 필요하며, 잘못된 구두점 사용은 문장의 의미를 왜곡할 수 있습니다. 구두점도 글쓰기 표현 방식 중 하나이기 때문에 용법을 바르게 알고 문장을 감상해야 합니다.

(.) 마침표/Period/Full Stop: 전달하려는 독립 의미 문장의 마지막에 사용됩니다. 예: I like apples.

(,) 쉼표/Comma: 의미가 연결되는 어구를 나열할 때 사용됩니다. 예: I have apples, bananas, and oranges.

(;) 쌍반점/Semi colon: 의미상 관계가 연결되는 두 개의 독립 의미 문장을 연결할 때 사용됩니다. 예: He went to the store; they were out of oranges.

(:) 쌍점/Colon: 앞 문장의 설명이나 정의를 표기할 때 사용됩니다. 예: There are three colors: red, blue, and yellow.

(" "/' ') 따옴표/Double quotation mark, Single quotation mark: 인용문, 강조하고 싶은 단어나 표현, 특정 단어의 의미를 나타낼 때 사용됩니다. 예: He said, "I like bananas."

(—) 줄표/Dash: 추가 정보 제공, 부연 설명, 문장 내 생략을 나타내기 위하여 사용됩니다. 예: The apple—his favorite fruit—is very sweet.

(( )) 괄호/Bracket: 부가 정보, 설명, 주석을 추가할 때 사용됩니다. 예: She bought some fruits (apples, bananas, and oranges).

"우리는 영어라는 문자로 기록된 사상가들의 정신세계를 탐험하고 경험해 보려는 노력을 하고 있습니다. 영어로 구성된 명언, 명문장들은 사상가들의 생각, 영감, 관념, 감정 등이 문자라는 매체에 담기면서 "영원함"을 얻게 되었습니다. 영원함을 지속시키는 것은 문자라는 "관념의 벽돌"입니다. 관념의 벽돌로 만들어진 사상의 건축물은 웅장한 모습으로 우리에게 발견되기를 기다리고 있습니다. 사상의 건축물이 관념의 벽돌로 이루어진 것처럼, 문장 또한 단어들로 이루어져 있습니다. 문장 구성의 최소 단위인 단어(Word), 구(Phrase), 절(Clouse)과 구두점 법칙(Punctuation rule) 등 다양한 문법 용어에 대한 이해를 높이면 "영원한 사상의 건축물"을 발견하는 데 도움이 될 것입니다.